외인구단
DNA

메쎄이상의 코로나19 극복기

외인구단 DNA
메쎄이상의 코로나19 극복기

2022년 7월 11일 초판 1쇄
2022년 7월 18일   2쇄
2022년 8월 16일   3쇄

지은이	조원표, 이상택, 김기배
펴낸곳	HadA
펴낸이	전미정
책임편집	황진아
디자인	고은미
출판등록	2009년 12월 3일, 제301-2009-230호
주소	서울 중구 퇴계로 243 평광빌딩 10층
전화	070-7090-1177
팩스	02-2275-5327
이메일	go5326@naver.com
홈페이지	www.hadabooks.com
ISBN	978-89-97170-70-8 03320

정가 18,000원

외인구단
DNA

메쎄이상의 코로나19 극복기

PROLOGUE

전시산업의 청개구리

윙~ 윙~ 윙~

『코리아빌드』개막이 딱 10일 남은 2020년 2월 16일 오후.

책상 위에 올려놓은 휴대전화 진동이 유난히 크게 울렸다. 참가기업 A사 대표에게 걸려 온 전화였다.

"대표님! 방금 방송된 뉴스속보 보셨어요? 중앙방역대책본부에서 코로나19 심각 단계라고 발표했습니다. 미국 WHO도 오늘 자로 위험국가에 우리나라를 추가했고요. 정부에서 실내외를 불문하고 모든 모임의 중단을 지시했습니다."

그는 흥분한 어조로 말을 이었다.

"이래도 전시회를 열어야겠습니까? 관람객이 있을 거라고 생각하세요? 정상적인 생각을 가진 회사라면 올바른 판단을 해 주실 거라 믿습니다."

다 된 밥에 재 뿌린 코로나19

A사 대표의 말은 지극히 정상이었다. 이미 3일 전, 코로나19를 이유로 세계 최고의 모바일 쇼『MWC 2020』이 취소되었다. 이 소식을 들은 LG전자, KCC, 한샘 등『코리아빌드』대표 참가기업들이 줄줄이 참가

───── 바로 그때 끔찍한 코로나19의 공포가 덮쳤다.

우리 역시 맥없이 나자빠지고 있었다.

최고의 성과는커녕 사상 최악의 낭패를 피할 수 없게 된 것이다.

취소를 통보해 왔다. A사가 그나마 어떻게라도 참가해 보려다 뒤늦게 연락을 준 셈이었다.

이보다 한 달 전인 1월 중순까지만 해도 『2020 코리아빌드』의 상황은 180도 달랐다. 참가신청이 이미 2,400부스나 들어왔고, 같은 추세라면 3,000부스까지 가능해 보였다. 사상 최고의 성과가 손에 닿을 듯 다가온 것이다.

바로 그때 끔찍한 코로나19의 공포가 덮쳤다. 우리 역시 맥없이 나자빠지고 있었다. 최고의 성과는커녕 사상 최악의 낭패를 피할 수 없게 된 것이다.

하지만 포기할 수 없었다. 우리에게 전시회는 선택사항이 아니었다. 생존의 문제였다. 전시회를 주최하는 우리 회사는 물론이거니와 참가기업들의 생존도 걸려 있었다. 우리마저 포기한다면 전시회가 유일한 마케팅 창구였던 참가기업은 어디 가서 누구에게 어떻게 홍보하고 영업할 것인가?

A사 대표와 통화한 다음 날 아침, 조원표 사장은 전 직원을 사옥 1층 강당으로 소집했다. 『코리아빌드』 개막 9일 전인 2020년 2월 17일 오전 8시. 조 사장은 마이크를 잡고 이야기를 시작했다.

"코로나19라는 무서운 위기가 닥쳐왔습니다. 이는 엄연한 현실입니다. 하지만 위험하다고 포기할 수는 없습니다. 모두 힘을 모아 코로나19를 반드시 이겨내야 합니다."

　그러면서 사장은 동일본 대지진을 극복한 리드재팬(Reed Exhibition Japan)의 전략을 활용하자고 제안했다. 2011년 3월 11일, 강도 9.0 규모의 대지진이 일본 동부를 강타했다. 그 여파로 후쿠시마(福島) 원전이 폭발해 방사능이 유출되는 엄청난 사고가 일어났다. 동부는 물론 일본 열도 전역이 마비되고 있었다. 당시 일본의 대표적 전시주최자 리드재팬은 『핀테크(Fintech) 쇼』 개막을 준비하고 있었다. 하지만 전대미문의 사고로 180개 참가업체 중 무려 144개 사가 취소를 통보해 왔다. 곧이어 해외 바이어 2,000여 명도 방문하지 않겠다는 메시지를 전해 왔다.

　이때 그들은 어떻게 했을까? 리드재팬은 전 직원 회의를 소집한 뒤 3시간 만에 전시회 강행을 결정했다. 뒤이어 임직원 모두가 참가업체와 바이어들에게 "도쿄는 안전하다.", "도쿄에서 검출되는 방사능 수치는 인체에 유해하지 않다."는 메시지를 전달하며 총력전을 펼쳤다. 제정신이냐는 비아냥, 무모하다는 푸념, 너무하다는 원성이 높았지만 이들은 노력을 멈추지 않았다.

　혼신의 노력 끝에 144개였던 참가 취소 기업은 50개로 줄어들었고, 방문을 거부했던 해외바이어 중 절반이 전시회로 발걸음을 옮겼다. 결국 대지진의 혼란 속에서도 리드재팬의 『핀테크 쇼』는 총 관람객 수 5만

…… 코로나19 위기를 기다리고 앉아서 당할 수만 없다고
생각한다면, 정직한 사람은 손해보지 않는다는 주장에
동의한다면 여러분들도 저의 뜻에 따라 주십시오.

5,323명을 달성하며 성공적으로 마칠 수 있었다.

당시 이 회사의 사장은 이시즈미 타다오(石積忠夫). 조원표 사장이 오래 전부터 롤 모델로 삼고 있던 인물이다. 한 번도 만나보지 못했지만 리드재팬의 CEO를 항상 배우고자 했다. 특히 타다오의 저서 『정직한 사람은 손해보지 않는다』는 조 사장이 인생 책으로 꼽는 도서 중 하나이다. 공연장처럼 생긴 강당에 모인 풀 죽은 직원들을 향해 조 사장은 비장하고 절박한 어조로 호소했다.

"저는 코로나19 위기에 처한 회사를 살리기 위해 이시즈미 타다오의 길을 걷겠다고 결정했습니다. 바로 지금 동일본 대지진을 이겨낸 리드재팬의 정신을 나부터 발휘하겠다고 다짐합니다. 코로나19 위기를 기다리고 앉아서 당할 수만 없다고 생각한다면, 정직한 사람은 손해보지 않는다는 주장에 동의한다면 여러분들도 저의 뜻에 따라 주십시오."

결국 우리들은 코로나19를 피하는 것이 아니라 맞서기로 했다. 사장과 뜻을 같이해 반드시 『코리아빌드』를 열고야 만다고 결심한 것이다.

...... 직원들의 통화 소리로 회사 전체가 시장골목처럼 변했다.

열에 서넛은 전화를 받지 않았고 고객이 내뱉는 '미친 놈들'이라는 욕설을 듣고

울음을 터뜨린 직원도 있었다.

정직한 사람은 손해보지 않는다

'『코리아빌드』는 정상적으로 진행됩니다.'

전 직원이 사전등록자 6만 9,490명 전원에게 아웃바운드 콜을 시작했다. 전화를 걸어 '전시장은 지하철이나 백화점보다 안전하다', '완전무결한 안전제일로 전시회를 운영한다', '방문객 전원에게 드릴 마스크와 손 소독제를 준비했다'(당시는 마스크 제공과 소독제 비치가 흔하지 않았다)는 메시지를 전달했다. 더불어 전시는 절대 중단될 수 없는 기업의 필수경영활동이라는 점도 강조했다.

직원들의 통화 소리로 회사 전체가 시장골목처럼 변했다. 열에 서넛은 전화를 받지 않았고 고객이 내뱉는 '미친 놈들'이라는 욕설을 듣고 울음을 터뜨린 직원도 있었다. 하지만 146명 직원 모두가 성대를 상해가면서도 하루 평균 200통 이상의 유효통화를 해냈다.

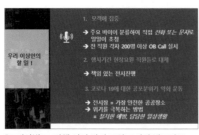

『코리아빌드』 강행 선언 당시 조원표 사장 발표자료

그러자 변화의 조짐이 보이기 시작했다. 7만 명에 육박하는 사전등록자 중 40%가량이 방문을 약속했다. 20%만 건져도 다행이라고 생각했는데 그 두 배를 설득

…… 한 달 전만 해도 적어도 2,900부스를 예상했던 규모가 최대한 줄어들지

않도록 해야 했다. 입에서 단내가 날 때까지 노력한 끝에

우리들은 결국 312개사 992부스를 사수했다.

한 셈이었다. 어떤 고객은 "이렇게 전화까지 주니 그 정성을 봐서라도 꼭 가겠다"며 우리들을 격려하기도 했다.

참가자 점검이란 급한 불을 어느 정도 끈 우리들은 이어서 참가기업의 취소를 막는 일에 역량을 집중했다. 불과 한 달 전만 해도 적어도 2,900부스를 예상했던 규모가 최대한 줄어들지 않도록 해야 했다. 입에서 단내가 날 때까지 노력한 끝에 우리들은 결국 312개사 992부스를 사수했다. 그리고 남은 기간 동안 '하늘이 무너져도 취소는 하지 않는다'고 다짐하며 『코리아빌드』를 계속 준비했다.

Cancellation is not option!

그런데 정말 하늘이 무너졌다.

개최 3일 전인 2월 23일. 전시장에 시설물 설치를 시작하기 직전, 조원표 사장은 킨텍스 사장 L씨에게 전화를 걸었다. 조 사장은 전시회를 예정대로 진행할 것이라 말하며 혹시 킨텍스가 중간에 전시장을 폐쇄할 가능성이 있는지 물었다. 그러자 L 사장은 '절대 그럴 리 없다. 전시회 개최 여부는 메쎄이상의 결정사안'이라고 분명하게 말했다. 조 사장은 우리 회사의 결정을 지지해 줘서 고맙다고 화답한 뒤 곧바로 시설물 설치를 시작했다.

…… 설치 작업 마지막 날, 신천지 사태가 터졌다.

신천지 대구교회에서 발생한 확진자 한 명으로 인해

코로나19가 일파만파 전국으로 확산된 것이다.

그러나 설치 작업 마지막 날, '신천지 사태'가 터졌다. 신천지 대구교회에서 발생한 확진자 한 명으로 인해 코로나19가 일파만파 전국으로 확산된 것이다. 시작이 늦은 만큼 일을 서둘러 이틀 만에 시설물을 모두 설치했는데, 그사이 상황이 또다시 걷잡을 수 없게 된 것이다.

개최 전날인 25일 오후. 킨텍스와 고양시청, 여기에 경기도청까지 우리들을 거세게 압박했다. 특히 경기도청은 '전시회를 강행해서 확진자가 생기면 메쎄이상에게 구상권을 청구하겠다'며 벼랑으로 몰아세웠다. 취소할 수 없다고 단호히 답했지만 막무가내였다.

그럼에도 불구하고 우리 회사는 전시회 개최를 강행하기로 결정했다. 관계당국의 불합리한 행정을 도저히 받아들일 수 없었기 때문이었다. 당시는 대구에서 신천지 사태가 발생했지만 전국 감염자는 33명째 나오고 있었다. 특히 수도권에서는 코로나19 위협이 현실화된 것도 아니었다. 게다가 전시장은 층고가 16m에 이르러 사실상 실외와 비슷하기 때문에 코로나19로 전시장 문을 닫아야 한다면 백화점과 슈퍼마켓부터 셔터를 내려야 했다.

하지만 경기도와 고양시는 계속 취소를 종용했다. 사실 협박에 가까웠다. 하지만 이들은 취소만 요구할 뿐 그로 인한 손해는 모두 우리 책임이라고 했다. 취소를 해도 우리 회사가 이미 써버린 홍보비와 장치비는 어디에서도 보상을 받을 수 없었다. 도청과 시청에 대화를 요구했지

…… 메쎄이상이 코리아빌드를 강행해서 확진자가 생기면

킨텍스 임원과 간부들은 모두 책임지고

회사를 그만둘 수밖에 없습니다.

만 그들은 협의는 물론 만남 자체를 거부했다.

하는 수 없이 킨텍스 담당자를 만나 전시를 취소하는 대신 매몰비용을 분담해 달라고 요구했다. '이미 사용한 홍보비와 장치비는 전시회 주최자인 우리 회사가 부담하겠다, 이 금액만 해도 수십억 원이 넘는다, 대신 중소기업인 참가업체가 직접 쓴 공사비와 전시장 임차료는 경기도와 킨텍스가 부담해 달라'고 요청한 것이다.

그러나 우리의 이런 요구는 모두 거절되었다. 그렇다면 우리가 할 수 있는 선택은 강행뿐이었다. 그사이, 경기도와 고양시는 우리를 계속 피하며 킨텍스를 통해 압력만 내렸다.

개최 전날 밤 10시, 강행이란 정면돌파로 마음을 굳힌 채 진인사대천명(盡人事待天命)을 되새기고 있는 조 사장에게 전화가 왔다. 킨텍스 고위 담당자였다. 수화기 너머에서 통사정이 시작되었다.

"조 대표님과 메쎄이상 입장은 모두 이해합니다. 그러나 메쎄이상이 코리아빌드를 강행해서 확진자가 생기면 킨텍스 임원과 간부들은 모두 책임지고 회사를 그만둘 수밖에 없습니다. 그런 일이 발생하면 메쎄이상과 킨텍스가 어떻게 계속 일을 함께 하겠어요? 부탁드립니다."

그러면서 킨텍스는 취소에 따른 임차료 전액 환불을 약속했다. 또한

······ 2020년 2월 25일 밤 11시 50분.

결국 우리는 코리아빌드를 취소했다. 시설물 설치까지

모두 마친 전시회 개막이 불과 10시간 남은 상태였다.

장치비 등의 손실은 보상할 방법이 없으나, 추후 메쎄이상이 킨텍스에서 전시회를 할 때 도울 수 있는 방법을 백방으로 찾아 실행하겠다고 말했다. 더불어 장기적 안목으로 상황을 이해해줄 것과 킨텍스에 대한 신뢰를 요청했다.

통화 직후 곧바로 조 사장은 『코리아빌드』 담당인 건축팀 전 직원을 회사로 소집했다. 그 자리에서 그는 킨텍스로부터 연락받은 내용을 공유하며 논의를 시작했다. 회의에 참석한 직원들의 의견은 강행과 취소로 팽팽히 갈렸다.

2020년 2월 25일 밤 11시 50분. 결국 우리는 『코리아빌드』를 취소했다. 시설물 설치까지 모두 마친 전시회 개막이 불과 10시간 남은 상태였다. 경기도의 매서운 압력을 받는 킨텍스의 애절한 요청, 우리 회사의 가장 중요한 파트너인 킨텍스의 읍소에 가까운 부탁을 뿌리칠 수 없었다. 무엇보다 킨텍스와의 지속적 협업을 고려하지 않을 수 없었다.

전시회 장치까지 모두 마친 참가기업들은 당연히 노발대발했다. 부스 참가비용을 낸 참가기업들 역시 거칠게 우리들을 성토했다. 평생 동안 들었던 것보다 이때 들었던 원성이 훨씬 강하고 많았다.

그러나 참가기업들의 대응은 감정 섞인 욕설로 끝나지 않았다. 한바탕 분풀이를 끝낸 이후에는 보상을 둘러싼 기나긴 갈등이 또다시 시작되었다. 이 갈등을 해결하는 데 전시회 취소 이후 꼬박 1년이란 시간이

…… 위기는 곧 기회의 시작이라 믿으며, 대지진 위기를 극복한
리드재팬의 경험을 우리들의 이야기로 만들고자 했던 메쎄이상의 노력은
스산한 물거품이 되고 말았다.

걸렸다. 금전적인 손실도 쓰라렸지만 고객의 신뢰를 잃었다는 손해는
우리들의 마음까지 아프게 했다.

이렇게 허망하게 『2020 코리아빌드』를 취소한 뒤에는 전시회를 열
겠다는 우리의 말을 아무도 믿지 않았다. '이번에는 절대 취소하지 않는
다'고 숨을 몰아쉬며 약속해도 '지난번에도 그러다가 하루 전날 취소하
지 않았느냐'고 되물었다. 그러면 우리들은 하얘진 머릿속에서 한 마디
대답도 꺼내지 못했다.

결국 위기는 곧 기회의 시작이라 믿으며, 대지진 위기를 극복한 리
드재팬의 경험을 우리들의 이야기로 만들고자 했던 메쎄이상의 노력은
스산한 물거품이 되고 말았다.

감원 감봉도 옵션이 아니다

『코리아빌드』를 개최했어야 할 날의 이른 아침, 우리는 킨텍스 대신 회
사 강당에 모였다. 망연자실한 표정을 숨기지 못하는 직원들을 바라보
며 사장이 다시 마이크를 잡았다.

"여러분! 감사합니다. 코리아빌드의 성공적 개최를 위해 여러분들이 날마다 200
통 이상의 아웃바운드 콜을 한 것은 감동 그 자체입니다. 가슴 뭉클한 여러분의 희

…… 오늘 이렇게 회의를 소집한 것은 코로나19 사태에 대한 우리 회사의 방침을 밝히고자 함입니다. 코로나19가 더 심해질 것 같습니다. 그리고 안타깝게도 오랫동안 지속될 것 같습니다.

생으로 위기를 극복하고 이를 우리 회사의 성공동력으로 삼으려 했는데 그러지 못해 죄송합니다."

나지막이 흐느끼는 직원도 있었고, 분루(憤淚)를 삼키려 천장을 쳐다보는 직원도 있었다. 사장의 목소리 역시 살짝 떨리고 있었다.

"오늘 이렇게 회의를 소집한 것은 코로나19 사태에 대한 우리 회사의 방침을 밝히고자 함입니다. 코로나19가 더 심해질 것 같습니다. 그리고 안타깝게도 오랫동안 지속될 것 같습니다. 사람들은 모일 수 없을 것이고 사람이 모여야 성공하는 우리들의 전시회는 성공하기 힘들 것입니다. 따라서 우리 회사는 어둡고 긴 터널을 지나야 할 것입니다."

의미심장하게 시작된 사장의 메시지에 임직원 모두는 귀를 쫑긋 세웠다. 눈치 빠른 직원들은 이제 올 것이 왔구나 생각하며 침까지 꿀꺽 삼켰다. 파르르 눈을 떨며 한숨을 쉬는 직원도 보였다.

"하지만 저는 회사의 대표로서 여러분에게 분명히 약속합니다. 앞으로 우리 회사에서 코로나19로 인한 정리해고는 절대 없습니다. 아무리 회사가 어려워도 여러분과 결코 헤어지지 않습니다. 우리 회사, 맷집 좋습니다. 그동안 여러분의 노력으

…… 사장은 안도하는 직원들을 향해 살짝 미소 지으며

코로나19 위기를 극복할 수 있는 대안을 제시했다.

바로 '한 시간 일 더하기 운동'이었다.

로 이룬 회사의 재정상황이면 이 정도 어려움은 거뜬히 이겨낼 수 있습니다."

불과 몇십 초 만에 직원들의 표정이 180도 변했다. 사장의 메시지처럼 직원들의 얼굴도 급반전된 것이다.

"무급이든 유급이든 휴직도 강제하지 않을 것입니다. 많은 전시회사가 당장 어렵다고 정부지원금을 받는 휴직제도를 도입하고 있습니다. 하지만 우리는 이런 것을 하지 않습니다."

사장은 안도하는 직원들을 향해 살짝 미소 지으며 코로나19 위기를 극복할 수 있는 대안을 제시했다. 바로 '한 시간 더 일하기 운동'이었다. 그는 '전시회 취소와 연기는 당연히 회사의 적자를 낳을 것이다, 하지만 그렇다고 무급휴직을 실시하면 적자를 더 가속시켜 직원들의 감봉을 피할 수 없게 될 것이다, 이후 감봉은 감원으로 이어지고 결국 회사가 문을 닫는 비극으로 치닫게 된다'고 이야기했다.

"이 자리에 모인 우리 모두는 생명과 같은 우리 회사를 지켜야 합니다. 회사 역시 여러분의 소중한 일터를 보호해야 합니다. 그러려면 전시회를 반드시 열어야 하고 이를 위해 모두가 힘을 모아야 합니다. 이를 위해 여러분에게 하루 한 시간 더 일

······ 명의는 아픈 곳에 침을 놓지 않습니다.

진짜 침 잘 쓰는 한의사는 허리가 아픈 사람의 허리가 아니라

발목이나 오금에 침을 놓습니다.

할 것을 요청드리는 바입니다. 동참해 주시기 바랍니다."

허리가 아프면 허리가 아니라 발목에 침을 놓는다

한 시간 더 일하기 운동을 제안한 조 사장은 곧바로 IT 개발자들과 3층 회의실에 모였다. 먼저 그는 조금 전에 했던 이야기를 한번 더 강조한 뒤 속 이야기를 꺼냈다.

"명의는 아픈 곳에 침을 놓지 않습니다. 진짜 침 잘 쓰는 한의사는 허리가 아픈 사람의 허리가 아니라 발목이나 오금에 침을 놓습니다. 왜 그럴까요? 문제는 허리로 나타나지만 해법은 발목이나 오금에서 찾아야 하기 때문입니다."

선문답 같은 이야기를 끝낸 뒤 사장은 전시회 기획자나 영업담당자들이 아니라 IT 개발자들을 먼저 모이게 한 이유를 설명했다. '오프라인 전시가 잘 안될 때는 IT가 중심이 되어야 한다, 썰렁한 전시회가 허리라면 IT가 발목이고 오금이다, 코로나19로 인해 앞당겨질 언택트 시대에 IT는 절대강자가 될 것이다, IT 개발부서가 이제 주인공이 될 수 있다, 이 위기를 기회로 살려보자.' 이것이 조 사장이 말하는 요지였다. 그러면서 조 사장은 우리 회사가 전시회를 맨 처음 시작했던 것은 B2B 전자상

…… 온-오프라인 통합서비스를 해야 한다는 것이

알리바바닷컴의 철학이었다.

이 철학을 벤치마킹한 것이 우리 회사 전시사업의 시작이었다.

거래 활성화를 위해서였음을 상기시켰다.

메쎄이상의 모회사인 이상네트웍스가 알리바바닷컴과 협업을 하던 2007년.

당시 세계 최고의 B2B e마켓플레이스 알리바바닷컴은 전시회 사업에 열을 올렸다. 알리바바닷컴은 B2B 거래는 쇼핑몰 구매와는 달리 지속적이고 반복적으로 이뤄지기 때문에 오프라인으로 직접 만나는 일로 이어져야 한다고 생각했다. 'B2B 거래는 거래처를 발굴해야 하므로 온라인만으로는 부족하다, 따라서 온-오프라인 통합서비스를 해야 한다'는 것이 알리바바닷컴의 철학이었다. 이 철학을 벤치마킹한 것이 우리 회사 전시사업의 시작이었다.

조 사장은 전시사업을 시작했던 최초의 의도를 되새기며 코로나19 사태를 언택트 시대를 준비하는 시작점으로 삼자고 주장했다. 더불어 전시회를 다시 살리기 위해 반드시 필요한 온라인과 오프라인 통합 O2O 서비스를 위해 IT팀이 선봉에 서달라고 당부했다.

우리 회사에는 IT 개발자가 40명 가까이 된다. 전 임직원의 25%가량이다. 메쎄이상은 전형적인 오프라인 업종이다. 현장에 사람을 모아야 하는 전시회가 주된 비즈니스 모델인데, IT 개발자를 직접 그것도 많이 보유하고 있는 '이해 안 되는' 회사이다.

사장의 당부대로 IT 개발자들은 코로나19 극복의 최전방에서 최선

…… 이렇게 코로나19 시대를 맞이했던 우리들은 2년 넘게 코로나19에 맞서며

전시회 사업을 지속했다. 온갖 어려움을 이겨내며 전시회를

하나씩 하나씩 열었다.

의 노력을 다해 줬다. 그 결과 우리 회사는 모든 오프라인 전시회 참가 업체의 제품을 동영상으로 검색할 수 있는 링크온(Link-on) 서비스를 시작했다. 링크온은 앞으로 알리바바닷컴과 같은 최고의 B2B 마켓플레이스로 발전할 것으로 기대받고 있다.

또한 우리들은 건축박람회의 모든 내용을 유튜브로 관람할 수 있는 '고홈TV'도 시작했다. 고홈TV는 인테리어와 건축에 관심 있는 고객에게 유튜브를 통해 지식을 제공하고 전시장을 중계하고 있다. 가장 큰 성과를 낸 O2O 서비스는 반려동물 앱인 '쭈쭈쭈'이다. 이 앱은 반려동물을 키우는 고객들에게 정보와 이벤트 등의 온라인 서비스를 제공하고 있다. 쭈쭈쭈는 우리나라 최고의 반려동물 박람회인 『케이펫페어(K-Pet fair)』와의 콜라보를 통해 진정한 O2O 서비스로 발전하고 있다.

이렇게 코로나19 시대를 맞이했던 우리들은 2년 넘게 코로나19에 맞서며 전시회 사업을 지속했다. 온갖 어려움을 이겨내며 전시회를 하나씩 하나씩 열었다. 2020년 1년 동안에는 킨텍스에서 예정되었던 『코리아빌드』만 딱 한 번 취소하고 다른 모든 전시회를 정상적으로 진행했다. 개최한 전시회 횟수가 50회나 되었다. 2020년은 전시사업 시작 이후 가장 많은 전시회를 연 해로 기록되었다.

물론 '미친 놈들'이라는 욕설도 들었고 '돈만 밝힌다'는 비웃음도 샀다. 하지만 우리는 전시회 개최를 고객에게 약속했고 그 약속을 지켰을

…… 여행업과 더불어 전시업은 코로나19로 큰 타격을 입은 대표 업종이다.

실제로 2020년은 거의 모든 대한민국의 전시회사가 적자를 낸

암흑 같은 한 해였다.

뿐이다. 참가기업 수와 부스 규모는 2019년 대비 절반에도 미치지 못했지만 우리는 전시회를 강행하고 바이어를 모았다. 그러자 전체 참관객 수는 줄었지만 진성 바이어 수는 줄지 않았다는 평가를 받기 시작했다. 허수를 포함한 숫자로는 반토막이 났지만 실수(實數)는 큰 차이가 없었단 이야기이다.

여행업과 더불어 전시업은 코로나19로 큰 타격을 입은 대표 업종이다. 실제로 2020년은 거의 모든 대한민국의 전시회사가 적자를 낸 암흑 같은 한 해였다. 적자규모를 회사별로 계산하면 작게는 수십억에서 크게는 수백억 원에 이르렀다. 그러나 우리 회사는 그 와중에도 흑자경영을 이어갔다. 전년에 비해 규모는 줄었지만 모두가 죽겠다고 시름시름 했던 2020년에도 우리는 영업이익과 순이익을 달성했다.

5만 원권이 담긴 '눈물 어린' 편지봉투

2020년 크리스마스 이브. 우리들은 강당에 모여 직원총회를 열었다. CEO 메시지 시간, 조 사장이 입을 뗐다.

"여러분~ 수고하셨습니다. 모두의 노고에 힘입어 우리 회사는 단 한 명의 정리해고와 무급휴직 없이 올 한 해를 마쳤습니다. 똑같은 전시회였어도 여러분의 2020

년 고생이 그전에 비해 두세 배는 되었으리라 생각합니다. 한 번이면 될 것을 코로나19 때 전시를 한다는 이유로 서너 번씩 전화기를 잡았을 겁니다. 여러분의 노고, 눈물겹도록 감사합니다. 여러분의 노고에도 불구하고 여러분에게 예전만큼 보너스를 드리지 못해 가슴 아픕니다."

이야기를 듣는 직원들의 표정에는 보람이 가득했다. 보너스를 받지 못한다는 걸 알게 됐지만 그 표정은 변함이 없었다. 사장이 말을 이어갔다.

"대신 여러분의 노고에 대한 보답으로 작은 금일봉을 준비했습니다. 각 팀장들은 모두 나와 금일봉을 받으시기 바랍니다."

『코리아빌드』를 취소한 후 모였을 때처럼 사장은 다시 반전에 성공했다. 쏟아지는 갈채 속에 팀장들이 나와 두툼한 봉투들을 받았다. 이처럼 우리 회사는 코로나19라는 어둠 속에서도 직원들에게 보너스를 전달했다. 팀장 이상에게는 200만 원, 팀원에게는 100만 원. 예년처럼 월급의 200%에는 미치지 못했지만, 보너스 지급의 전통을 이어갈 수 있었다. 금액이 너무 적어 미안한 마음에 세금은 회사가 전액 부담했고, 계좌이체 대신 빳빳한 5만원 권을 담은 봉투에 직원들 이름을 직접 적어 정성껏 전달했다. 그래야 고마운 마음, 미안한 마음을 더 정확히 표현할

…… 선 투자의 결과는 대성공이었다. 많은 직원들은 열심히 노력했고,

그 결과 2019년도 대비 약 75% 정도의 매출과 영업이익을 기록했다.

수 있겠다고 생각했기 때문이었다. 비록 금액은 적고 초라했지만 고맙게도 직원들의 환호성은 크고 우렁찼다.

이날 사장은 '취소는 우리에게 더 이상 옵션이 아니다(Cancellation is not option!)'라는 문구를 카카오톡 프로필에 올렸다. 그러자 많은 직원들도 하나둘 연이어 프로필 문구를 똑같이 바꿨다. 이때부터 우리는 다짐했다. 우리 회사에 취소라는 옵션은 없음을, 전시회 연기는 안중에도 없음을…….

우리의 이러한 노력은 2021년에도 이어졌다. 많은 기업들이 전시회를 취소하고 중단했지만 우리는 그렇게 하지 않았다. 연기는 하더라도 취소는 없었다. 코로나19가 한창이던 6월 말 우리는 전체 임직원의 연봉을 10% 일괄 인상했다. 2021년도 힘들 것이 명약관화하지만 과감하게 연봉 인상이라는 선 투자를 한다는 생각이었다. 직원들은 예상 밖의 결정에 놀라움과 감사를 표했다.

선 투자의 결과는 대성공이었다. 많은 직원들은 열심히 노력했고, 그 결과 2019년도 대비 약 75% 정도의 매출과 영업이익을 기록했다. 물론 연말 보너스 파티도 이어졌다. 전체 직원들에게는 월급의 150%, 팀장 이상에게는 200%의 보너스를 지급했다.

많은 사람들이 전시회를 취소할 때 우리는 강행했다. 경쟁자가 적자를 낼 때 우리는 흑자를 냈고, 남들이 정리해고와 무급휴직을 할 때 우

…… 벅찬 포부로 우리들은 2020년 7월,

국내 최초로 민간 전시장 시대를 열었다. '수원메쎄'가 그 주인공이다.

코로나19가 한창일 때여서 모두 허우적댔지만 우리는 당당하게 전시장을 열고

팡파르를 울렸다.

리는 연봉인상과 보너스 지급으로 맞섰다. 우리들은 어떠한 위기에서도
실패를 경험하고 싶지 않다. 성공도 습관의 결과라고 믿기 때문이다.

전시장의 청개구리

우리 회사가 전시사업에 뛰어든 시점은 2007년 11월, 경향신문사로부
터 『경향하우징페어』를 인수하면서부터이다. 이후 13년 만에 메쎄이상
은 우리나라에서 가장 큰 민간 전시회사로 발돋움했다.

우리는 전시주최자의 한계를 극복하기 위해 킨텍스와 같은 전용전
시장을 지었다. 많은 사람들이 전시장은 무조건 공공의 영역이라고 생
각한다. 초기 투자비가 너무 많이 들고, 만성적자를 넘어서는 일이 쉽지
않기 때문이다. 그러나 우리는 전시장을 직접 보유하고자 했다. 우리가
하면 다를 것이라고 생각했다.

메쎄이상은 18개 산업의 전시회를 갖고 있다. 이 전시회들은 모두
각 산업에서 어느 정도의 브랜드 가치를 갖고 있다. 이런 전시회들을 새
로운 전시장에서 개최하면 성공할 수 있다고 예측했다. 게다가 공공이
아닌 민간이라는 이점을 살려 효율 중심으로 운영하면 흑자경영을 할
수 있다고 믿었다.

이와 같은 벅찬 포부로 우리들은 2020년 7월, 국내 최초로 민간 전시

…… 전시업계에 진출한 지 고작 10여 년 만에 어떻게 메쎄이상은

이런 일들을 할 수 있었던 걸까?

우리는 그 힘을 '이상 DNA'라고 부르고 '외인구단 DNA'라고 읽는다.

장 시대를 열었다. '수원메쎄'가 그 주인공이다. 코로나19가 한창일 때여서 모두 허우적댔지만 우리는 당당하게 전시장을 열고 팡파르를 울렸다.

나아가 2023년부터 메쎄이상은 대한민국 최초로 서남아시아에서 가장 큰 해외 전시장을 운영하게 된다. 인도 모디 총리의 역작 IICC(India International Convention And Expo Centre)를 향후 20년 동안 킨텍스와 공동 경영하게 된 것이다. 이 사업이 시작되면 우리들은 킨텍스의 3배, 코엑스의 8배에 달하는 27만㎡ 규모의 초대형 전시장을 운영하게 된다.

이처럼 역사에 한 획을 긋는 일들이 연이어 출발 호각소리를 기다리고 있다. 그렇다면 전시업계에 진출한 지 고작 10여 년 만에 어떻게 메쎄이상은 이런 일들을 할 수 있었던 걸까? 우리는 그 힘을 '이상 DNA'라고 부르고 '외인구단 DNA'라고 읽는다.

메쎄이상에는 외인구단 DNA가 있다. 우리들은 남들이 불가능하다고 생각하는 일을 해내기를 좋아한다. '그 정도까지 할 필요가 있느냐'는 질문을 받으면서 일을 밀어붙이기를 즐겨한다. 우리들은 일류 인재를 뽑아 일등을 하는 것이 아니라 힘들고 고달프지만 간절함을 갖고 있는 인재에게 기회를 주는 방식으로 성장해 왔다. 현재보다는 미래를, 오늘보다는 내일을 꿈꾸는 조직을 만들고자 힘써 왔다. 워크와 라이프를 분디어기보다 성공저인 위크가 최고의 라이프라는 생각을 품은 사람들

이 모이는 회사를 만들고자 노력해 왔다.

10여 년 전, 전시업계에 불쑥 들어온 우리 회사를 많은 사람들이 청개구리처럼 쳐다봤다. 아마 지금도 그럴 것이다. 우리가 하는 결정, 우리가 일하는 방식, 우리가 향하는 문화가 기존의 전시업계 관행과는 다소 차이가 있기 때문이다. 그러나 이제 청개구리 한 마리가 전시업계 전체의 변화를 이끄는 회사로 성장했다. 우리나라 전시산업의 메인 스트림을 넘어, 글로벌 주역으로 발전하고자 하는 꿈을 갖고 있는 '평범한 사람들의 이상한 이야기.' 그 전시실로 지금부터 입장.

외인구단
DNA
메쎄이상의 코로나19 극복기

CONTENTS

3. 남다른 문화 :

4. 독특한 인재 :

1

수상한 등장

전시회를 사들이는 낯선 사람들

누구나 자신과 비교하는 대상이 하나씩 있다. 어떤 결정을 할 때마다 그 사람이라면 어떻게 할까 대입해 보는 사람 말이다. 그 사람은 잘 살고 있나? 어떤 점에서 나보다 낫나? 여러 물음을 던지며 그 대상과 나를 비교한다.

우리 회사에겐 알리바바닷컴이 바로 그런 비교 대상이었다. 우리가 벤처기업으로 이상네트웍스를 시작한 것이 2000년 3월. 1999년 알리바바닷컴이 창업한 지 1년 후였다. 중국 항저우(杭州)의 한 오피스텔에서 친구 7명과 함께 사업을 시작한 잭 마(Jack Ma, 馬雲) 회장이 소프트뱅크그룹 손정의(손 마사요시, 孫正義) 회장으로부터 투자를 받은 것도 1999년의 일이었다. 우리 회사 설립 몇 달 전에는 알리바바닷컴 코리아도 생겼다.

이상네트웍스와 알리바바닷컴 코리아는 비슷한 시기에 소프트뱅크 코리아로부터 수십억 원씩 투자를 받았지만 알리바바닷컴 코리아는 2001년에 사업을 접고 글로벌 알리바바닷컴으로 통합된다. 시작한 지 2년도 되지 않아 한국에서 실패의 쓴맛을 본 뒤 사라져버렸다.

● B2B 보증사업으로
코스닥 상장기업이 되다

사실 이때 우리 회사도 없어질 뻔했다. 사업 초창기였던 2000년과 2001년 두 해 동안엔 하루하루가 정말 힘들었다. 당시 우리들은 글로벌 B2B e마켓플레이스를 지향하며 프랑스 철강회사와의 협업에 목숨을 걸고 있었다. 파리에 본사를 두고 유럽의 철강 유통상을 모아 글로벌 철강 e마켓플레이스를 구축하고자 했던 것이다.

우리의 e마켓플레이스는 웹사이트 내에 13개국 동시번역 시스템을 가동하고 있었다. 예를 들어 중국 바이어가 중국어로 주문하면 판매자인 프랑스 회사는 프랑스어로 답변하는 방식이었다. 이 사업을 위해 200만 유로를 들여 당대 최고의 e비즈니스 컨설팅회사였던 프랑스 발텍(valtech)으로부터 컨설팅을 받기도 했다.

불행하게도 이 구상은 철저하게 망하고 말았다. 지금 생각하면 황당무계한 공상소설이었다. 야심 차게 완성한 사이트를 통해 거래까진 이뤄졌다. 첫 거래로 브라질 소재 철강유통상이 프랑스 회사로부터 철강을 구매하는 계약이 체결됐다. 그러나 사이트에서는 계약만 채결될 뿐 대금 지급은 오프라인으로 이뤄졌다. 두 회사는 우리가 만든 사이트에서 만난 뒤부터는 전화로 소통했고 결제 역시 두 회사끼리 직접 했다. 우리의 역할은 없었다. 하지만 분명히 우리 회사는 거래의 산파 역할을 똑 부러지게 했다. 거래대금의 1%를 중개수수료로 받기 위해 계산서를 발행했다. 하지만 받을 수 있는 방법은 없었다. 이후 두 회사는 우리의 전화를 더 이상 받지 않음은 물론 우리 회사 사이트를 이용하지도 않았다. 거래가 일어나봤자 소용없었다. 우리 사이트에서 결제를 할 수 없으니 수수료를 징수할 방법도 당연히 없었던 것이다.

호된 신고식을 통해 우리는 웹사이트를 통한 단순 소개라는 비즈니스 모델에는 한계가 있음을 깨달았다. 값비싼 학습비용을 치른 우리는 글로벌 비즈니스를 중단하고 국내 시장에 집중했다. 전략을 수정했다. 국내에서 먼저 결제 모델을 구축한 뒤 이를 기반으로 B2B e마켓 플레이스를 만드는 것이었다. 결제 시스템 없이 B2B 전자상거래를 한다는 것 자체가 어불성설임을 뒤늦게 깨달았다.

이렇게 다시 시작한 비즈니스 모델이 바로 'B2B 보증서 기반의 B2B 전자상거래 모델'이었다. 구매기업인 중소기업에게 신용보증기금으로부터 B2B 보증서를 발급받도록 하고 이를 기반으로 전자상거래를 진행하면 모르는 기업끼리도 안전한 거래를 할 수 있다고 판단했다. B2C 전자상거래가 신용카드 확대에 따라 성장하는 현상을 벤치마킹한 결과였다.

먼저 우리 회사의 주거래은행인 신한은행의 지원을 받아 신용보증기금(이하 신보)을 찾아갔다. 신보는 중소기업의 신용을 기반으로 보증을 해주고 1.5%가량의 보증수수료를 징수하는 정부기관이다. 담보가 부족한 중소기업을 위해 신보가 보증서를 발급해 주면 은행들이 이 보증서를 담보로 대출을 해 주는 프로세스였다.

그런데 신보에겐 고민거리가 있었다. 바로 보증서를 발급받은 회사의 높은 부도율 때문이었다. 당시 신보가 보증해 준 회사의 부도율은 5~10% 정도였다. 신보는 자신들이 받는 보증 수수료에 비해 부도를 너무 많이 당해 어떻게 하면 대위변제율을 낮출 수 있을까 고민하고 있었다. 이와 같은 상황에서 우리들이 신보를 찾아가 B2B 보증서라는 적절한 해법을 제시했던 것이다.

"우리나라 중소기업의 평균 부도율은 1% 미만입니다. 그런데 신용보증기금이 보증한 기업의 부도율이 이보다 5~10배 높은 이유는 사기거래 때문일 것입니다. 중소기업이 대출받은 돈을 구매자금으로만 써야 하는데 다른 용도로 전용하기 때문에 부도율이 높다고 봅니다. B2B 보증서를 발급하면 거짓거래를 막을 수 있습니다 전자상거래를 통해 거래하는 진성거래만을 보증하기 때문입니다. 진성거래만을 기준으로 보증하면 부도율은 아무리 높게 잡아도 3% 이내가 될 것입니다."

신보는 우리 회사의 'B2B 보증서 기반 전자상거래 모델'에 귀를 쫑긋 세웠다. 게다가 부도율이 현재보다 낮아지기만 하면 기업별 보증한도를 늘려줄 수 있다는 입장이었다. 이로써 우리 회사와 신용보증기금은 보증서를 기반으로 하는 상거래의 진성비율을 높이기 위해 B2B 보증서 제도를 도입했다. 이어서 신보는 투명거래에 부담을 느끼는 중소기업의 참여를 이끌어내기 위해 보증한도를 2배 증액하는 과감한 결단을 내렸다.

진성거래를 하는 중소기업에게 전자상거래 기반의 B2B 보증은 가뭄의 단비와 같았다 거래를 투명하게 전자상거래로 전환하면 보증한도가 대폭 증액되자 중소기업의 구매력이 크게 높아졌다. 대출과 보증한도가 필요한 중소기업에게는 희소식이었다. 현대제철과 같은 대기업에게도 단비였다. 제품을 더 많이 팔고 싶지만 담보가 부족해 중소기업에게 출하를 할 수 없는 경우가 많았기 때문이다. 대기업들에게 B2B 보증서 제도는 매출증대를 위한 최고의 방안이었다. 대기업이 먼저 담보가 부족한 중소기업에게 이상네트웍스의 B2B 전자상거래를 소개하며 B2B 보증서를 근거로 거래하자고 제안한 것이다.

이후 B2B 보증사업은 시장의 큰 호응을 얻었다. 2002년부터 폭발적으로 거래량이 늘기 시작해 2004년에는 거래량이 1조 5,000억을 돌파했다. 그 힘으로 회사는 쭉쭉 커나갔고 2005년 9월 코스닥 상장기업이 되었다. 2000년 3월 창업 후 수많은 우여곡절 끝에 얻어낸 값진 열매였다. 소프트뱅크 코리아는 물론 코오롱그룹 투자회사인 아이퍼시픽파트너스 등 주주들로부터도 수많은 찬사를 받았다. 나름대로 성공한 것이다.

● 알리바바닷컴에서 찾은
     오프라인 전시사업의 기회

반면 한국법인을 정리한 알리바바닷컴은 글로벌 B2B e마켓플레이스를 지향하며 중국 제조사와 해외 바이어를 단순 소개하는 역할에 집중하고 있었다. 수많은 해외 기업들이 회원으로 가입하는 등 순조롭게 발전하는 것처럼 보였다. 하지만 수익을 만들어내는 비즈니스모델이 없었다. 알리바바닷컴 코리아가 사업을 접은 이유도 바로 이것 때문이다. 나중에는 우리나라 G마켓과 같은 B2C 마켓플레이스 시장과 네이버 같은 포털 사이트로 진출하면서 성공하긴 했지만, 당시 알리바바닷컴의 B2B 마켓플레이스는 깊은 수렁을 헤매고 있었다. 주식시장에 상장도 하지 않은 상황이었다. 이때 우리는 알리바바닷컴의 문을 두드렸다. 국내에서 글로벌로 시장을 확장하기 위해 알리바바닷컴이 필요했기 때문이다. 소프트뱅크 코리아의 소개를 받아 홍콩에 있는 알리바바닷컴 사무실을 방문해 양사의 협업 방법을 구체적으로 찾기 시작했다. 알리바바닷컴 역시 한국 사무소를 열어 국내 파트너를 물색하는 중이었기 때문에 시기도 적절하게 맞아떨어졌다.

이때부터 알리바바닷컴과의 협업이 이뤄졌다. 우리 회사가 한국 유일의 파트너(Sole Partner)라는 자격으로 알리바바닷컴 코리아가 종전에 하던 역할을 담당하기 시작했다. 그중에서도 우리들은 특히 국내 중소기업을 알리바바닷컴 회원사로 영입하는 작업에 역량을 집중했다. 당시 우리 임직원들은 업무 협의를 위해 알리바바닷컴 본사가 있는 중국 항저우(杭州)를 자주 방문했다. 그런데 그때마다 우리들은 '아주 이상하고 생소한' 장면을 목격했다.

그것은 세계 최대 전자상거래 회사인 알리바바닷컴이 주관하는 전시회였다. 글로벌 최첨단 온라인 기업이 항저우 시내에 있는 오프라인 전시장을 빌려 부스를 꾸미고 있는 모습이 믿어지지 않을 만큼 신기했다. 그때 우리들이 본 알리바바닷컴의 전시회는 바이어를 초대해 판매자를 연결해 주는 바이어 매칭 프로그램(Buyer Matching Program)이었다.

알리바바닷컴과 전시회, 뭔가 어색한 조합처럼 느껴졌다. 알리바바닷컴 주관 전시회를 처음 본 날, 조 사장이 중국인 책임 매니저에게 물었다.

"최첨단 전자상거래 회사가 왜 전시회를 하는 건가요? 오프라인 전시회와 알리바바닷컴이 어울린다고 생각하세요?"

그러자 곧바로 격한 성조의 중국어로 답이 돌아왔다.

"B2C 마켓플레이스는 이미 알려져 있는 완성품을 사고파는 것이기 때문에 온라인으로 모두 가능합니다. 하지만 B2B 거래는 다릅니다. 오랫동안 반복될 공급처를 찾는 것이기 때문에 B2B 거래를 위해서는 직접 만나는 일이 꼭 필요합니다. 한두 번은 온라인으로 만날 수 있습니다. 하지만 사업을 지속하기 위해서는 공장 방문 등 스킨십이 이뤄지는 만남까지 주선하는 것이 마켓플레이스의 의무라고 생각합니다."

이어서 알리바바닷컴 담당자는 "B2B 거래는 단발 거래가 아니고 원자재나 반제품을 지속해서 공급받는 경우가 대부분입니다. 완성품 역시 오랫동안 되풀이될 수 있는 거래가 필요하기 때문에 대면거래가 필수"라는 이야기를 덧붙였다. 이 말을 들은 조 사장은 망치로 머리를 한방 맞은 것 같았다. 온라인이냐 오프라인이냐 하는 수단과 형식이 아니라 업의 본질, 비즈니스의 핵심에 대한 고민의 결과라는 생각이 들었기 때문이다.

당시 알리바바닷컴은 온라인 마켓플레이스를 운영하면서도 홍콩과 중국 각지에서 열리는 유명한 B2B 전시회에 직접 참여하고 있었다. 그 전시장을 방문한 바이어들에게 카탈로그를 전달하며 알리바바닷컴 사이트 회원등록을 권유했다. 동시에 자신들이 직접 매칭서비스를 해 주는 전시회를 열기도 했다. B2B 전자상거래의 완성을 위해서는 오프라인 만남을 주선하는 것이 필수적이라는 생각엔 요즘 키워드가 된 O2O 서비스를 무려 20년 전부터 전망한 알리바바닷컴의 혜안이 담겨 있었다.

'우리 회사도 전시회 사업을 시작해야 한다. 그래야 전자상거래 사업도 더 잘할 수 있다.'

이렇게 생각한 조 사장은 곧바로 전시회 사업에 대한 리서치를 시작했다. 이것이 메쎄이상이 전시회 사업을 시작하게 된 비하인드 스토리이다.

● 우리나라 최초의 전시회 M&A

하지만 의지만 있다고 방법이 저절로 따라올 순 없는 법. 우리들은 수차례 열띤 논의를 했지만 전시회 사업을 시작할 방법을 찾지 못했다. 전시회를 어떻게 해야 할지, 비즈니스 모델을 어떻게 만들어야 할지 갈피가 잡히지 않았다. 그런데 여러 전시회를 분석하는 과정에서 흥미로운 사실을 발견했다. 거의 모든 전시회를 협회 또는 언론사들이 주최하고 있었다. 그러나 우리 회사는 협회도 아니었고 언론사는 더더욱 아니었다. 협회나 언론사가 아니면 전시회를 주최하기 어려운 것인가? 난감했다.

바로 이때 『경향하우징페어』가 시야에 들어왔다. 1986년에 시작된 『경향하우징페어』는 우리나라 대표 전시회로 킨텍스 5만 5,000㎡를 사용하는 국내 최대 규모의 건축박람회였다. 전시회의 소유권은 이름 그대로 경향신문사가 갖고 있었다. 매출 규모로 봤을 때도 투자 가치가 있었다.

일이 되려니까 쉽게 풀리기 시작했다. 『경향하우징페어』를 주관하는 경향신문사의 자회사 ㈜경향하우징은 2007년부터 B2B 전자상거래 사업을 하고 있었다. 이 회사는 건축자재 시장을 잘 아는 강점을 살려 이상네트웍스의 성공사례를 벤치마킹해 건축자재부분 B2B 전자상거래 사업을 막 시작했던 참이었다.

이를 위해 신용보증기금과 협약을 맺고 신규사업을 시작한 ㈜경향하우징은 B2B마켓플레이스 시장에서 우리 회사와 좋은 관계를 유지하고 있었다. 더군다나 조 사장이 언론계 출신이라는 점도 서로 호의를 갖게 했다. 관심을 갖고 『경향하우징페어』를 눈여겨보기 시작한 얼마 후 소중한 정보를 입수했다. ㈜경향하우징이 전시회사업을 매각할 수도 있다는 소식이었다. '심각한 경영난을 겪고 있는 경향신문사가 『경향하우징페어』를 매각해 신문사를 살리려 한다, 자신들 역시 이 전시회를 '황금알을 낳는 거위'로 여기지만 본업을 위해 과감히 메스를 대려고 한다'는 이야기였다.

경향신문사의 『경향하우징페어』 매각 의사를 정확히 확인한 뒤 우리는 매각 협상을 시작했다. ㈜경향하우징의 P 대표이사(경향신문사 부사장 겸임)와 주무부서 책임자인 K 팀장이 파트너였다. (K 팀장은 현재 이상네트웍스 B2B 전자상거래 사업부 본부장 상무로 재직 중이다.) 시작은 매우 힘들었다. 상대방이 매각대금을 매우 높게 불렀기 때문이다. 누구나 자신의 사업은 가치가 높다고 생각하니 이해는 했지만 우리 회사가 부담할 수 있는 선보다 한참 높았다.

몇 번의 만남을 이어갔지만 협상은 계속 평행선을 달렸다. 거래대금에 대한 입장 차이를 좁히기 힘들었던 가장 큰 이유는 전시회 사업이 가진 매우 독특한 특성 때문이다. 전시회 사업은 유형 자산이 필요 없다. 부동산도 필요하지 않고, 기계나 장치도 필요 없다.

전시회를 하려면 가장 먼저 전시장을 임차한 뒤 개최 공고를 낸다. 그 다음엔 출품기업을 영업해 참가비를 수금하고, 홍보를 통해 초청한 바이어들에게 매칭서비스를 해주는 프로세스이다. 전시회는 현금 흐름에도 큰 문제가 없다. 전시장 임차료는 미리 내야 하지만 참가기업으로부터 참가비 역시 미리 받기 때문에 그 돈으로 임차료를 선납할 수 있다. 특히 『경향하우징페어』처럼 브랜드 가치가 있는 전시회의 경우 더욱 그렇다. 요컨대 전시회 사업의 핵심역량은 전시장으로부터 전시회 개최를 위해 장소를 빌릴 수 있는 권리와 바이어를 초청할 수 있는 브랜드를 소유하는 것이다.

이처럼 눈에 보이는 유형자산이 하나도 없기 때문에 전시회를 팔려는 회사와 사려는 회사의 시각 차이는 극명했다. 자산은 하나도 없고 직원만 7명 있는 회사를 팔고자 하는 경향신문사의 호가는 현금 200억 원이었다. 『경향하우징페어』라는 전시회 브랜드 가치를 200억 원 주고 사라는 이야기였다. 근거는 명료했다. 매년 영업이익이 수십억 원 보장된다는 것이다.

하지만 매수자 입장에서는 받아들이기 어려운 내용이었다. 영업이익 중 세금을 빼고 남는 순이익의 8, 9년치를 선지급하고 사업을 시작한다는 것을 받아들이긴 힘들었다.

퇴근길 한남대교처럼 꽉 막힌 협상에 양쪽 모두 탈진해 있었다. 그러나 새로운 아이디어가 제시되면서 협상의 물꼬가 터졌다. 바로 증자를 통한 합병이었다. 매수하는 회사 주식으로 거래대금을 지불해 매도하는 회사를 합병하는 방식이었다. 당시 이상네트웍스의 시가총액은 1,500억 원을 넘어서고 있었다. 시가총액 350억 원으로 코스닥에 상장한 지 2년 만에 네 배 이상 오른 규모였다. 주가가 가장 높았던 때 시가총액이 2,600억 원까지 가기도 했다.

가격은 경향신문사 측의 의견에 가깝게, 지급방식은 우리 회사 의견과 비슷하게 하는 절충을 시도했다. 먼저 『경향하우징페어』의 영업권을 109억 원으로 산정했다. 회사가 현금을 55억 보유하고 있었기 때문에 이를 합치면 ㈜경향하우징의 가치를 총 164억 원으로 매긴 것이다. 대금은 현금이 아니라 증자하는 우리 회사 주식으로 지급하는 방식이었다.

이를 위해 먼저 이상네트웍스 대주주들이 경향신문사로부터 ㈜경향하우징 주식의 35%를 55억 원에 인수했다. 이어서 1,500억 원 가치인 우리 회사가 164억 원의 신주를 발행하여 이를 경향신문사와 이상네트웍스 대주주에게 지급했다. 끝으로 ㈜경향하우징을 이상네트웍스에 합병했다.

이 거래는 두 회사 모두를 만족시켰다. 경향신문사 입장에서는 상장회사 주식이므로 언제든지 팔 수 있었고, 합병이란 호재로 주가 상승까지 기대할 수 있었다. 우리

이상네트웍스와 ㈜경향하우징 합병

회사는 현금 사용을 최대한 줄이고 신주 발행도 최소화하면서 신사업으로 진출할 수 있는 기회를 얻었다. 우리 회사와 경향신문사의 이 딜(deal)은 우리나라 전시업계 역사상 최초의 M&A가 되었다.

● 정치적 탄압으로 얼룩진
경향하우징페어 인수합병

하지만 이 거래가 성사되는 과정과 거래 이후까지 수많은 시련이 있었다. 우리 회사는 현금 55억 원의 예금을 경향신문사의 은행대출을 위한 담보로 제공하고 있었다. 이는 인수합병 협상의 조건이었다. 자금사정이 어려운 경향신문사가 하나은행으로부터 대출받는 일을 돕기 위해 담보를 제공한 것이다.

그런데 이명박 정부가 들어선 뒤, 경향신문사가 정부에 맞서면서 불똥이 엉뚱하게도 우리 회사에 튀었다. 눈엣가시 같은 경향신문사를 우리 회사가 지원하는 모양새였기 때문이다. 하나은행은 변제 능력이 없는 경향신문사에게 갑자기 55억 원의 대출을 갚으라고 요구했다. 우리 회사는 예금담보를 계속 제공하겠다는 의사를 전달하고, 경향신문사의 대출기간 연장을 요청했다. 제3자가 현금으로 담보를 제공하겠다는데 대출연장을 해 주지 않는 경우는 없기 때문에 처음에는 크게 우려하지 않았다.

그러나 하나은행은 달랐다. 리스크가 하나도 없는 예금담보 대출에 대해 기간연장을 해 주지 않았다. 거꾸로 담보로 제공한 우리 회사의 예금 55억 원을 압류했다. 눈엣가시 같은 경향신문사에게 대출을 해 주지 않으면서 경향신문사와 거래하는 우리 회사를 징벌하겠다는 식이었다. 어처구니 없는 관치금융의 극치였다. 은행대출에 있어 제3자가 담보를 제공하는 상황에서 대출기간을 연장해 주지 않고 담보물을 압류한다는 것은 말도 안 되는 일이었다. 같은 하나은행의 다른 지점장에게 이 문제를 물어봐도 하나은행의 처사가 어불성설이라고 했다. 은행 역사상 있을 수 없는 일이라고도 했다. 은행이 얼마나 정권의 눈치를 살피는지 잘 보여주는 관치금융의 전형이었다.

그러나 우리는 은행에 아무런 항의도 할 수 없었다. 직접 당사자가 아니고 보증을 해 준 보증인에 불과했기 때문이었다. 어쩔 수 없이 경향신문사를 상대로 소송을 제기해야 했고, 수 년에 걸친 노력 끝에 가까스로 이 문제를 해결했다. 이후부터 우리 회사는 하나은행과는 어떠한 거래도 하지 않는다. 하나은행 계좌를 급여통장으로 쓰는 임직원에겐 다른 은행 계좌로 바꾸도록 독려한 적도 있다. 이 일은 우리 회사와 경향신문사 모두에게 큰 상처를 남겼다.

2008년 금융위기가 닥치면서 우리 회사와 경향신문사는 다시 한번 위기를 맞았다. 이상네트웍스 주가가 더 오를 것이라고 판단한 경향신문사는 『경향하우징페어』 매각을 통해 확보한 이상네트웍스 주식을 보유하고 있었다. 그러나 2008년 금융위기 이후 주가가 폭락하자 큰 손해를 보았다. 더불어 자금이 필요한 시기에 주식을 매도하지 못한 뒤 주가가 회복될 때까지 4~5년 동안 자금난으로 발을 동동 굴러야 했다.

우리 회사도 2008년 금융위기를 비껴갈 순 없었다. 인수하자마자 개최한 『2008 경향하우징페어』는 대성공이었다. 약 2,300부스 판매에 성공했고 특히 우리나라 건축자재 대표기업인 KCC는 102부스라는 엄청난 규모로 참가했다. 전시회 기간 1주일 동안 50억 원이 넘는

매출을 달성했다. 전시회 후 참가기업을 만나면 이구동성으로 내년에
도 같은 자리를 달라고 신신당부했다.

'세상에나~ 이런 비즈니스가 있다니.' 우리들은 신세계를 만난 듯
놀랐다. 그러나 꿈결 같은 행복은 오래가지 않았다. 금융위기가 가장
먼저 건축시장을 덮쳤기 때문이다. 집값은 폭락했고 건축경기는 꽁꽁
얼어붙기 시작했다. 2,300부스를 깔았던 『경향하우징페어』는 다음 해
1,600부스로 내려앉았다. 이로 인해 규모의 경제를 이뤄야 수익성이
높아지는 전시회의 특성상 우리는 큰 위기를 맞았다. 물론 지금은 어
려운 시기를 잘 극복했고 더 많은 인수합병을 통해 전시회 사업을 확
장하고 있지만 말이다.

●   전시업계 인수합병의 특징

그런데 전시업계에서는 왜 수십 년 동안 한 번도 M&A가 없었을까?
『경향하우징페어』가 비로소 전시업계 최초의 M&A가 된 이유는 무엇
일까? 이 궁금증을 풀기 위해서는 우리나라 전시업계의 특성을 이해
해야 한다.

우리나라 전시회사들은 두 가지 유형으로 분류된다. 하나는 협회
와 언론사 전시장 등 공공부문 주최자이고, 나머지 하나는 민간기업
이다. 이 중에서 인수합병의 대상이 되는 민간의 주최자들은 대부분
가족기업 중심으로 운영되고 있다. 게다가 기업 규모 면에서 대부분

중소기업 또는 영세기업이다. 매출액 100억 원 이상인 기업 수가 손에 꼽을 정도에 불과하다. 또 2010년까지는 전시장 규모도 너무 작아서 코엑스와 킨텍스, 벡스코 중심으로 전시회를 개최하고 있었고, 전시회는 카테고리에 따라 경쟁하기 보다는 과점체제를 유지하고 있었다.

어느 누구도 전시회를 사고파는 거래 대상으로 생각하지 못했다. 경쟁사 전시회가 좋아 보이면 코엑스나 킨텍스에 제안해서 유사 전시회를 만들면 그만이라는 게 전시업계의 상식이었다. 전시업계에서 잔뼈가 굵은 사람들은 우리 회사를 '호구'라고 놀렸다. 살 필요가 없는 전시회를 거액의 돈을 주고 매수했기 때문이었다. '바보'라는 이야기도 들은 적이 있다. 이쪽 바닥을 몰라도 너무 몰라서 저렇게 당한다며 혀를 찼다. 술자리에서 어떤 사람은 '벤처사업으로 돈을 벌더니 돈지랄을 한다'는 이야기를 우리 회사 임원에게 하기도 했다.

물론 우리들은 이런 고정관념에 동의하지 않았다. 우리가 쓰는 전략이 올바르다고 확신했다. 3년 동안 50억 원을 쓰면『경향하우징페어』같은 전시회를 만들 수 있을까? 답은 'NO'였다. 우리에겐 전시산업에 관한 경험이나 노하우가 전혀 없었다. 직원 역시 한 명도 없었다. 따라서 우리는 109억 원으로 영업권을 사고 직원들을 인계해 곧바로 전시업에 뛰어들었다. 당장『경향하우징페어』를 인수하고 새로운 전시회들로 확장하고 3년 후에는 300억 원 이상의 가치가 있는 전시회사로 만들자는 장밋빛 미래를 꿈꾼 것이다. 이를 위해 우리는 ㈜경향하우징에서 넘어온 직원들로 이상네트웍스 내에 전시팀을 새로 만들었다.

하지만 이런 계획은 생각대로 되지 않았다. '누구나 그럴싸한 계획을 갖고 있다. 얻어맞기 전까지는……' 전성기 시절 핵 주먹 타이슨이 했다는 이 말은 우리 회사에도 들어맞았다. 무엇보다 조직문화 차이를 극복하는 일이 힘들었다. 벤처기업으로 시작해 빠르게 성장한 우리 회사 직원들과 공기업과 비슷한 언론사 자회사로 일해 온 ㈜경향하우징 출신 전시팀 직원들은 계속 부딪혔다. 예상은 했지만 상상을 한참 뛰어넘는 수준이었다.

처음 생각엔 건축자재박람회를 인수하면 금방 다른 산업전시회를 할 수 있을 것 같았다. 하지만 마음대로 되지 않았다. 전시팀 직원들은 『경향하우징페어』만 하려고 할 뿐 다른 전시회로 확장하려는 의지가 전혀 없었다.

어느 날 조 사장은 전시팀 직원들을 모두 소집했다. 그 자리에서 이렇게 질문했다.

"여러분은 건축자재 전문가입니까? 아니면 전시 전문가입니까? 건축자재 전문가라면 우리도 건축자재 유통업을 해 봅시다. 그게 아니고 전시 전문가라면 다른 전시회를 시작해 봅시다."

그러자 한 명이 덤덤하게 답했다.

"저희들은 유통을 할 정도로 건축자재 시장을 알진 못합니다. 반면 전시회는 잘 아니까 전시 전문가라고 할 수 있겠네요. 그런데 다른 전시회는 이미 경쟁 회사나 관련 협회들이 하고 있습니다. 이런 터줏대감들이 있으니 신규 진출은

외인구단 DNA — 메쎄이상의 코로나19 극복기

힘듭니다. 따라서 이미 잘하고 있는 경향하우징페어를 더 키워가는 것이 최선의 전략이라고 생각합니다."

조 사장에게 이 대답은 하늘이 무너지고 땅이 꺼지는 소리로 들렸다고 한다. 100억 원이 넘는 돈을 들여 전혀 알지 못하는 산업에 진출했는데 확장할 수 없다니…… 전시사업을 B2B 전자상거래 사업의 전략적 도구(strategic tool)로 활용하는 알리바바닷컴을 보고 진출한 전시사업인데 확장이 불가능하다니 앞이 막막했다. 알리바바닷컴으로부터 받은 인사이트는 한낱 신기루에 불과한가? 답답했다.

새로운 전시회로 확장하기 위해선 다른 방법이 필요했다. 먼저 인력을 섞어 봤다. 전자상거래를 담당하던 직원들을 전시팀에 보낸 것이다. 그러나 고심 끝에 직원들을 보내봤자 전시팀 직원들과 갈등만 생겼다. 다른 직원들을 전시팀에 보내면 모두 왕따를 당했다. 끼워 주지를 않았다. 전시팀은 나쁜 의도를 가진 것으로 보이진 않았지만 자기들만의 리그로 만들겠다는 생각이 강해 보였다.

M&A의 가장 큰 난관은 기업가치평가도 아니고 사업전략도 아니고 서로 다른 문화 차이 극복에 있다는 경영학 이론을 있는 그대로 확인할 수 있었다. 이런 갈등이 거듭되는 동안 ㈜경향하우징에서 넘어온 전시팀 직원들은 대부분 회사를 떠났다. 그때마다 우리들은 오랫동안 전자상거래를 담당하던 직원들을 전시팀으로 보내야 했다. 여기에 신규 직원들까지 합류하자 전시팀은 비로소 정상궤도에 진입할 수 있었다. '이상 DNA'가 살아 숨 쉬는 직원들로 채워지면서 전시회 사

업이 조금씩 확장하기 시작한 것이다.

한편 IT 기술인력들도 전시팀에 편성했다. 이들은 전시회 진행 상황과 영업내용 등을 시스템화하기 시작했다. 이런 정보들을 시스템에 기록함은 물론 전시회에 한 번이라도 방문한 고객 정보를 보관하고 분류하는 시스템을 만들었다. 이 시스템이 바로 FMS(Fair Management System)이다.

3~4년이란 오랜 산고 끝에 FMS가 완성되자 회사는 크게 달라졌다. 솔직히 그전까지는 맨날 제자리 뛰기였다. 예를 들어 『경향하우징페어』 전시회를 25년씩이나 해 왔지만 방문객 정보를 거의 갖고 있지 않았다. 전시회를 할 때 TV, 라디오, 신문 같은 대중매체에 광고를 하면 브랜드 가치가 있어서 바이어가 온다는 논리였다. 전시회에서 생성되는 수많은 데이터는 전시회가 끝나면 바람과 함께 사라졌다.

참가기업에 대한 정보도 공유되지 않았다. 전시회 자체가 담당자 개인기에 의존하고 있었기 때문에 담당자와 고객 간에 어떤 히스토리가 있는지 당사자 외에는 아무도 알 수 없었다. 모든 정보를 엑셀 프로그램으로 관리하고 있었고, 회사를 그만두는 직원들이 이 파일을 빼돌려 다른 회사로 옮긴다는 이야기가 공공연한 비밀이 되어 있었다. 그러나 FMS를 통해 시스템이 만들어지면서 이 같은 관행이 없어지기 시작했다.

사실 우리 회사가 전시사업 진출을 위한 몇 가지 방법 중 인수합병을 과감하게 선택할 수 있었던 데는 이유가 있다. 바로 이상네트웍스가 코스닥에 상장되어 있었기 때문이다. 우리는 신규사업 진출 과정에서 상장법인의 특성을 최대한 활용했다. 『경향하우징페어』 인수 당시 우리 회사의 PER(Price Earnings Ratio, 주가수익비율)은 50이 넘는 상황이었다. 회사 이익은 연간 30억 원 수준에 불과했지만 시가총액은 1,500억 원 정도나 됐다.

이런 수치라면 순이익이 20억 원 증가할 경우 시가총액이 1,000억 원 가량 증가할 수 있다는 계산이 나왔다. 그렇다면 매우 훌륭한 시나리오가 가능했다. 즉, 영업권을 109억 원에 사서 합병을 통해 회사 이익을 2배 만듦으로써 주가를 50% 이상 올린다는 구상이었다.

이렇게만 되면 주주들로부터 크게 칭찬받을 수 있을 거라 확신했다. 100억 원을 투자해서 순이익을 20억 원 증가시키고 시가총액을 1,000억 원 높일 수 있다면, 좋은 비즈니스가 되기 때문이다. 상장기업만 할 수 있는 방안이지만 적극적 투자를 할 수 있는 좋은 논리임은 분명했다.

이것이 브랜드 가치 등 영업권을 기반으로 『경향하우징페어』의 인수합병이 이뤄진 배경이다. 그래서 요즘엔 영업이익의 3배, 5배, 10배로 거래될 수 있다는 식의 이야기가 전시산업 경영진 사이에서 자연스럽게 오르내리고 있다. 실제로 우리 회사의 『경향하우징페어』 인수 이후 리드엑스비젼즈, 인포마마켓 등 글로벌 전시기획사들이 우리나라 전시회를 인수합병하는 일이 늘어났다.

경향하우징페어의 코엑스 진출을 위한
두 번째 인수합병

모든 사람에게는 위기가 온다. 그 위기를 어떻게 극복하느냐에 따라 그 사람 인생의 궤적이 바뀐다. 비즈니스도 마찬가지다. 위기를 만나지 않는 회사는 없다. 그러나 위기를 만난 회사는 둘로 나뉜다. 위기를 극복하는 회사, 그리고 위기에 휩쓸리는 회사. 전시사업 진출 이듬해에 닥쳐온 2008년 금융위기를 극복하기 위해 우리 회사는 다시 M&A라는 선험(先驗) 역량을 활용했다. 코엑스에서 건축박람회를 하는 홈덱스를 인수합병한 것이다. 이는 금융위기로 무너져 가는 『경향하우징페어』를 살리기 위한 방법이었다. 더불어 건축박람회의 도약을 위한 우리 회사의 두 번째 도전이었다.

『경향하우징페어』는 금융위기 이후 매우 어려운 시기를 겪고 있었다. 부동산 경기는 죽어 가고 있었고, 이에 따라 건축자재 시장 역시 침체의 늪에 빠져들고 있었다. 어려운 시기를 이겨내기 위한 업체의 경쟁은 더욱 치열해졌다. 그중 우리를 위협하는 대표적인 경쟁 전시회는 M건축박람회였다.

이 회사는 『경향하우징페어』의 오너십 변경을 절호의 기회로 삼았다. 우리가 전시사업의 본질을 파악하지 못한 채 우왕좌왕하는 동안 M건축박람회가 훅 치고 올라왔다. 애초에는 세텍에서 연 2회 정도 열리던 작은 전시회였다. 그러나 이때부터 갑자기 킨텍스에서 두 번, 세텍에서 3번 전시회를 열며 크게 확장하고 있었다.

우리에게도 성장의 기회는 있었다. 킨텍스가 먼저 우리 회사에게 건축박람회를 봄 가을에 한 번씩 1년에 두 번 열 것을 제안했다. 좋은 기회라 여긴 경영진은 전시팀과 의논을 시작했다. 그러자 경향신문사 출신 직원들은 한목소리로 반대했다.

'전시를 너무 자주 하면 퀄리티가 떨어진다. 예전에는 『경향하우징페어』 썸머를 한 번 더 열었으나 규모와 질적인 면에서 너무 떨어져 유지할 수 없었다. 더군다나 무리한 확장은 2월 『경향하우징페어』 영업에도 마이너스 영향을 끼쳤다. 그래서 다른 나라들은 보통 1년도 아니고 2년에 한 번씩 전시회를 한다'는 내용이었다.

충분히 일리 있는 말이었다. 전시회 본질에 대해 아직 잘 몰랐던 경영진들 생각에도 어설프게 전시회를 확장했다가는 큰일 날 것 같았다. 결국 전시회 추가 개최를 권유한 킨텍스에게 정중하게 거부 의사를 밝혔다. 그런데 경쟁사가 그 틈을 놓치지 않고 들어와 5월과 8월 두 번에 걸쳐 전시회를 성공적으로 개최한 것이다. 지금 생각하면 땅을 치고 후회할 일이지만 그때는 전시업에 대해 무지했기 때문에 어쩔 수 없었다. 하지만 지금도 뼈저리게 후회하고 있는 전략적 오판의 순간임은 분명하다.

잘못된 판단의 대가는 강력했다. 『경향하우징페어』가 갖고 있던 힘의 우위가 금세 흔들리기 시작했다. 경쟁사는 서울과 수도권에서만 연간 다섯 차례 건축박람회를 하다 보니 홍보도 1년 내내 이뤄졌다. 라디오를 켜면 계속해서 경쟁사 광고가 나왔다. 반면 우리 전시회 광고는 1년에 한 달 정도만 나왔다. 그러자 인지도 면에서 우리 전시회가 밀리기 시작했다. 질적 측면에서는 여전히 『경향하우징페어』가 높았지만 경쟁사의 양적 확장은 큰 위협이었다. 그러는 사이 건축박람회 시장은 기존 1강 3중 체제에서 2강 2중 체제로 재편되고 있었다.

큰 돈을 들여 1등으로 시작했는데 2등이 바짝 따라붙는 판세가 현실이 되었다. 두렵고 막막했다. 어디로 어떻게 가야 할지 알 수 없었다. 이런 혼전 속에서 그나마 전시회를 아는 경향신문사 출신 직원들은 한 명을 제외하고 대부분 회사를 떠났고, 우리들은 아직 전시에 대해 배워야 할 것이 많았다. 깊고 긴 고심 끝에 우리는 두 가지 새로운 돌파구를 찾았다. 하나는 지방 전시회 강화, 다른 하나는 전시회 최고의 핫플레이스인 코엑스 진출이었다.

●   지리적 영역을 넓혀 참가기업의 영역을 넓히다

당시 전시팀을 맡고 있던 K 상무와 K 팀장이 사장실로 들어오자마자 큰소리로 말했다. K 상무는 IT 개발자 출신이었고, K 팀장은 『경향하우징페어』 인수로 우리 회사로 넘어온 경향신문사 출신 직원 중 지금까지 남아 있는 유일한 직원이다.

"사장님! 이제 킨텍스, 세텍, 코엑스 모두 건축박람회를 추가로 열긴 어렵게 되었습니다. 그러나 이런 식으로 가만히 앉아 있으면 안 됩니다. 우리도 확대전략을 해야 합니다. 다행히 우리에겐 부산 경향하우징페어가 있지 않습니까?

그러니 수도권이나 부산 말고 대구, 광주, 제주도에서 건축박람회를 개최합시다. 건축산업은 지역마다 별도의 시장이 있습니다. 지역 특색에 맞는 전시회를 만들어서 지방 시장으로의 진출이 필요한 참가기업에게 어필하면 어떨까요?"

입이 쩍 벌어질 만한 제안이었다. 참가기업 입장에서는 서울에서 다섯 번 개최하는 것보다 지역별로 나눠 개최하는 것이 더 좋겠다는 생각이 들었다. 수도권에서만 다섯 번 전시회를 여는 경쟁사는 보약 한 첩을 재탕 삼탕에 이어 다섯 번이나 달여 먹는 것이라면, 지역별 개최는 보약 다섯 첩을 한 번씩 따로 다려 먹는 셈이 된다. 더군다나 전시회의 지리적 영역을 확장하는 것은 곧 참가기업의 영역을 넓히는 것이기도 했다.

우리는 곧바로 지역별 전시회를 개최하기 위해 소매를 걷어붙였다. 먼저 20년 전부터 해 오던 부산 『경향하우징페어』를 벡스코 전관 전시회로 확장하기로 했다. 이어서 대구, 광주, 제주에는 전시회를 신설해 『경향하우징페어』를 전국화하는 전략을 수립했다. 서울에서 가장 큰 전시가 지방으로 온다는 사실에 대구 엑스코, 광주 김대중컨벤션센터, 제주 ICC는 일제히 환영했다. 우리가 원하는 날짜에 원하는 규모의 전시장을 임대해 주었다. 또한 각각 보유하고 있는 바이어 명단을 활용하여 『경향하우징페어』 관람객 모집에 도움을 주기도 했다.

따로 달인 보약은 참가기업에게도 주효했다. 지방 건축시장에 브랜드 전시회가 진출하자 업체들은 환호했다. 특히 면적이 좁은 제주 전시장은 모집공고를 낸 뒤 3일만에 신청이 마감될 정도였다. 대단한 성공이었다. 지방 개최를 처음 제안하고 실행했던 두 직원은 자타가 공인하는 우리 회사 전시회 확장의 일등공신이다.

위기 극복을 위한 두 번째 전략은 코엑스 진출이었다. 코엑스에서 열리는 건축박람회는 이미 『하우징브랜드페어』와 홈덱스라는 건축박람회가 있었기 때문에 더 이상 건축자재박람회를 허용하지 않았다. 따라서 코엑스에 진출하는 유일한 방법은 두 전시회 중 하나를 인수합병하는 것뿐이었다. 그런데 『하우징브랜드페어』의 개최 일정은 2월, 홈덱스는 8월로 배정되어 있었다. 우리는 2월에 킨텍스에서 『경향하우징페어』를 하고 있었기 때문에 두 전시회 중 8월에 개최되는 홈덱스를 타깃으로 결정했다.

홈덱스 인수합병은 『경향하우징페어』와는 전혀 다른 로직이 필요했다. 우선 홈덱스의 매출과 이익은 중요하지 않았다. 당시 이 전시회는 매우 힘든 상황이었다. 2강 전시회에 치여 이익을 거의 내지 못하고 있다는 것이 정설이었다. 매출을 기준으로 계산하려고 해도 가치평가가 힘들었다. 몇 차례씩 양사가 협상 테이블에 마주 앉았지만 합의점을 찾기 어려웠다. 끝 모를 협상이 갈피를 잡지 못하고 있던 어느 날, 당시 홈덱스 대표가 결심한 듯 말했다.

"의견 차이가 너무 심하네요. 좁혀지지도 않고요. 협상을 중단합시다. 이상에서 XX억 원을 줄 것도 아니고…… 계속 협상해 봐야 성사가 안 될 것 같습니다. 시간 낭비하지 마시죠. 회사를 팔지 않겠습니다. 당연히 이번 전시회도 저희가 진행하는 걸로 하겠습니다."

● 과거가 아닌
　현재와 미래에 집중하는 협상

조 사장은 알겠다는 답변 외엔 달리 할 말이 없었다. 그 이야기를 마지막으로 양사는 협상을 일단락했다. 회사로 돌아온 조 사장은 김기배 부사장, K 상무 등과 논의를 시작했다.

'우리에게 필요한 것은 코엑스에서 건축박람회를 열 수 있는 홈덱스의 '권리'뿐이다. 홈덱스의 직원이나 인프라는 필요 없다. 중요한 것은 『경향하우징페어』를 코엑스에서 열 수 있는 기회를 잡는 것이다.'

회의 내내 경영진들은 협상의 궁극적인 목적에 집중했다. 그리고는 기존 이익이 아니라 예상 이익을 기준으로 평가해 보자는 결론에 이르렀다. 지금까지 홈덱스가 얼마를 벌고 있는가에 집중하지 말고 앞으로 우리 회사가 『경향하우징페어』를 코엑스에서 개최하면 얼마를 벌 수 있겠는가를 기준으로 적당한 인수금액을 산정하기로 한 것이다. 더불어 홈덱스 대표의 마지막 발언을 곱씹었다. 조 사장은 홈덱스 대표가 혼잣말처럼 내뱉은 그 금액이 홈덱스가 원하는 최대금액이라고 예측했다. 그 다음 우리가 벌 수 있는 금액을 시뮬레이션 한 뒤, 이 금액과 비교한 결과 상대방의 요구 금액을 수용해도 되겠다는 결론에 이르렀다.

곧바로 홈덱스 대표를 만난 조 사장은 마른침을 삼키며 말했다.

"대표님께서 제게 XX억 원을 주지는 못할 거라고 말씀하셨지요? 그러면 이제

제가 마지막으로 제안을 하겠습니다. Yes, No 둘 중 하나로만 결정하시죠. 말씀하신 그 금액을 저희가 드리겠습니다. 더 이상의 협상은 없습니다."

양사는 그날 바로 인감도장을 찍었다. 그때부터 지금까지 매년 코엑스에서는 『경향하우징페어』가 열리고 있다. 전시회 명칭을 『코리아빌드』로 바꾼 뒤에는 더욱 성황리에 개최되고 있다.

사실 당시 인수 가격은 홈덱스 이익을 기준으로는 터무니 없는 금액일 수 있다. 그러나 우리는 과거가 아닌 미래에 주목했다. 우리가 개최하면 짧은 시간 내에 인수가격 수준의 이익을 달성할 수 있다고 본 것이다. 하지만 전시업계에는 전시회를 모르는 회사가 또 바보 같은 거래를 했다는 말이 무성했다. 자신들의 기준으로는 엄청나게 비쌌기 때문에 '이상은 호구', '대한호구협회 회장'이라는 비아냥을 듣기도 했다. 그러나 돌이켜보면 우리 회사의 여러 인수합병 중에서 홈덱스가 가장 멋진 거래였다. 가성비가 가장 높았기 때문이다.

당시 홈덱스 대표이사 역시 매우 만족한 협상이었다고 항상 이야기하고 있다. 우리 회사는 지금까지도 홈덱스 전 대표와 협업을 지속하고 있다. 윈윈을 이룬 성공한 M&A였음을 입증하는 사실이다. 상대방과 내가 함께 만족하는 인수합병은 이처럼 아름답고 흐뭇하다.

● '여섯 개 주머니 이론'을 믿고 진출한
   베이비페어

건축박람회의 전국화와 코엑스 진출. 금융위기 속 턱 밑까지 치고 올라온 경쟁사로 인해 리딩 컴퍼니 자리를 빼앗길 위기까지 갔던 우리는 두 가지 전략 모두 성공하면서 건축 관련 전시업계에서 확고한 자리를 잡을 수 있었다.

이후 우리는 다른 산업으로 눈을 돌리기 시작했다. 이상네트웍스의 전자상거래 사업도 처음에는 철강 B2B e마켓플레이스로 출발한 뒤 점차 다른 산업으로 확장했는데 전시사업도 이 전략을 실행하고자 함이었다. 또한 전시사업과 전자상거래 사업의 협업을 이끌어내기 위해서도 우리는 다른 산업 전시회로 확장해야 했다. 그때 우리의 눈에 들어온 산업은 바로 육아산업. 당시 가장 뜨거운 업종이었다. 육아산업의 빠른 성장세는 전시회가 그대로 입증하고 있었다. 2000년 코엑스에서 시작한 베이비페어를 여러 회사들이 전국에서 연간 100회 이상 개최하고 있었다.

베이비페어는 B2C 전시회의 전형이었다. 이는 단순한 육아용품 오프라인 전시회가 아니라 산업의 유통구조를 바꾸는 변화의 모멘텀이었다. 종전까지 베이비산업 유통구조는 철저히 오프라인 중심으로 짜여 있었다. 백화점과 밀집 상가의 오프라인 매장이 전부라고 해도 과언이 아니었다.

그러나 전국에서 베이비페어가 열리자 베이비산업 유통구조가 바꾸기 시작했다. 오프라인 매장을 밀어내고 온라인 쇼핑몰과 박람회가 유통의 중심으로 자리잡은 것이다. 베이비용품 판매자들은 비싼 돈을 들여 매장을 운영하지 않고도 박람회만 잘 따라다니면 더 많은 고객을 만날 수 있었다. 전시회 참가비가 매장 임차료보다 훨씬 저렴했다. 무엇보다 전시회는 전국에서 열리기 때문에 특정 지역의 매장 한두 곳에서 판매하는 것보다 매출이 훨씬 잘 나왔다. 이처럼 가성비를 따져도 확실히 전시장이 오프라인 매장보다 월등히 뛰어났다.

그때 우리의 눈길을 끄는 M&A 대상이 나타났다. 킨텍스에서 베이비페어를 열고 있는 ㈜이가전람. 마케팅 전문가들이 설립한 이 회사의 전시회 명칭은 『코베베이비페어』였다. 시작한 지 얼마 되지도 않았지만 2~3년이라는 짧은 기간에 킨텍스의 대표 임신출산 전문 전시회로 자리잡고 있었다. 이 회사에는 두 명의 주주가 있는데 사업을 하다 의견이 서로 갈라져 매각을 검토한다는 이야기가 항간에 퍼져 있었다.

조 사장이 먼저 킨텍스에서 임대를 책임지고 있는 H 팀장을 만났다. 이가전람이 어떤 회사냐는 질문에 대해 팀장의 칭찬이 길게 이어졌다. 킨텍스에서 베이비페어를 진행하는 세 회사 중 코베가 가장 잠재력이 있다는 평가였다. 담당 팀장은 물론 당시 킨텍스 부사장도 코베에 대해 긍정적으로 평가했다. 그 부사장은 '젊은 사람들이 정말 성실하고 능력 있다. 마케팅을 얼마나 잘하는지 사람 모으는 데는 일가견이 있다.'고 극찬했다.

얼마 후 우리 회사 임원들은 코베 전시장을 방문해 총괄이사를 만났다. 대표이사와 각각 코베 주식을 50%씩 갖고 있는 두 명의 오너

중 한 명이었다.

"출산율이 급격히 떨어지고 있는데 베이비페어는 괜찮습니까? 이제 무너져가는 산업이어서 매각하려고 하는 것 아닙니까?"

조 사장은 처음부터 짐짓 도발적인 질문을 던졌다. 그러자 차분한 답변이 돌아왔다.

"출산율이 떨어지는 것은 분명한 사실입니다. 이제는 한 자녀 가족이 대부분입니다. 두 자녀도 보기 어렵습니다. 앞으로도 출산율은 계속 더 낮아질 겁니다. 그러나 육아산업 규모는 줄지 않을 겁니다. 출산율은 줄어들지만 아이에게 소비되는 총액은 늘어난다고 예측하기 때문입니다."

그러면서 그는 '여섯 개 주머니 이론'을 차근차근 설명했다. 자녀 한 명에게 호주머니가 여섯 개나 있다는 주장이었다. 아이 한 명을 위해 아빠와 엄마, 할아버지와 할머니, 외할아버지와 외할머니까지 모두 여섯 명의 지갑이 활짝 열린다는 거였다. 따라서 출산율은 줄어들지만 베이비용품은 점점 고급화할 것이고, 이에 따라 시장은 더욱 커질 거라는 주장이었다. 설득력 있는 코베 이사의 설명은 계속되었다.

"예전에는 집집마다 자녀가 많아 고가 용품이 잘 팔리지 않았습니다. 한 명만 사줄 수 없었기 때문이죠. 사장님은 자녀들 어릴 때 어떤 유모차를 사용하셨나요? 아마

10~20만 원짜리였을 겁니다. 그때는 그게 고가였죠. 하지만 요즘은 아빠 월급이 300만 원인 아기들도 100~200만 원짜리 유모차를 탑니다. 조부모 네 분도 유모차 값을 보태기 때문입니다. 여기에 미혼이나 비혼인 삼촌, 고모, 이모들까지 합류하면 대한민국 베이비들은 모두 상류층이라고 할 수 있습니다.”

귀에 쏙 들어오는 이야기였다. 지금은 널리 퍼졌지만 우리들은 2014년에 여섯 개 주머니 이야기를 처음 들었다. 코베 이사는 '회사를 매각하고자 하는 이유는 베이비페어 사업이 막다른 골목에 와서가 아니다, 코베 대표이사는 다른 사업을 구상하고 있지만 본인은 베이비 사업을 계속 하고 싶다, 따라서 주식을 매각하더라도 코베에서 계속 베이비페어를 키울 수 있었으면 좋겠다'는 자신의 입장을 진솔하게 밝혔다.

이 말을 듣는 조 사장은 귀에서 꿀이 떨어지는 것 같았다고 한다. 무엇보다 코베의 사업총괄 이사와 직원들은 다른 전시회사와는 정반대로 벤처기업 향기가 물씬 풍겼다. 실사를 위해 코베 사무실을 방문한 우리들은 처음부터 범상치 않은 느낌을 받았다. 밝은 표정의 직원들이 정말 열심히 일하고 있었기 때문이다. 실사가 진행되던 날, 밤 10시에 김기배 부사장이 조 사장에게 전화를 걸었다.

“사장님! 이 사람들은 집에도 안 가나 봐요. 너무 열심히 합니다. 총괄이사는 정말 솔선수범이 체질인가 봅니다. 처음에는 우리를 의식해서 일부러 이러나 의심했는데 보여주기가 아닌 것 같아요. 벌써 1주일 째 저렇게 열심히 일하고 있네요”

우리는 인수합병하기로 방침을 정한 뒤 협상에 돌입했다. 이때 코베베이비페어는 킨텍스에서 4월과 10월, 1년에 두 번 열리고 있었다. 연간 매출은 35억 원, 영업이익은 10억~15억 원 가량 내고 있었다. 물론 그들이 주장하는 이 수치는 우리가 정식으로 작성한 재무제표와는 약간 차이가 났다. 하지만 작은 신생회사에서는 충분히 있을 수 있는 회계상의 단순 오류였다. 우리는 50억 원에 ㈜이가전람의 주식 100%를 인수했다.

코베의 이전 오너들은 거금을 얻었고 우리는 다시 한 번 '전시업계의 호구'라는 명성을 얻었다. 코베까지 인수하자 자기들 전시회를 사달라는 다른 전시회사의 요청이 빗발쳤다. 하지만 대부분은 우리를 아무 생각 없이 '돈지랄'하는 회사로 착각한 비전 없는 회사들이었다.

베이비페어의 전국 확대. 우리가 코베를 인수하면서부터 수립한 핵심전략이었다. 우리는 킨텍스에서 1년에 두 번 개최하고 있던 베이비페어를 먼저 송도컨벤시아와 코엑스로 확장하고, 이어서 건축박람회처럼 지방화 전략을 펼치면 『코리아빌드』를 넘어서는 전시회로 만들 수 있다고 전망했다. 인수 당시 코엑스에서 열리는 두 번의 베이비페어는 한 회사가 독점하고 있었다. 그러나 우리는 코엑스에서의 베이비페어 독점은 어떤 이유로든 곧 풀릴 수밖에 없을 것이라고 예상했다.

'독점구조를 영원히 가져가려는 전략은 실패할 수밖에 없다, 언젠가는 무한경쟁을 해야 한다는 생각으로 경쟁력을 높이는 데 집중하고 발 빠르게 움직여야 한다.'

이렇게 생각하며 우리는 먼저 건축박람회의 전국화 전략을 베이비페어에 그대로 적용했다. '베이비페어를 전국단위로 확대하면 참가 업체에 대한 영향력은 더욱 커질 것이다. 고객이 원하는 제품구색을 모두 갖추면 경쟁력은 더욱 높아질 테니까. 전시회를 전국화하면 더 많은 참관객 데이터베이스를 구축할 수 있다. 그렇게 되면 해를 거듭 할수록 더 많은 바이어가 찾는 전시회로 발전할 수 있다.' 이와 같은 전략이 바로 코베를 인수하며 수립한 '성장의 선순환구조'이다.

코베의 인수합병은 여러 면에서 『경향하우징페어』와 달랐다. 먼저 『경향하우징페어』는 1등이었지만 코베는 베이비페어 산업에서 1등 이 아니었다. 베이비페어의 핵심인 코엑스엔 진출도 못했고 킨텍스에 서만 2번 열리고 있었다. 굳이 서열을 따진다면 3등 전시회 정도였다. 물론 1등 전시회를 인수하고 싶었지만 불가능했다. 1등 경쟁사는 너 무 완벽한 성을 쌓고 있는 것처럼 보였고 매각을 염두에 두지 않았다.

우리는 3등 전시회를 인수한 뒤 기존 전시회의 플랫폼과 통합 운 영하여 1등 전시회로 만드는 전략을 선택했고 이 전략은 보기 좋게 성공했다. 코베 인수 후 6년 만에 우리들은 킨텍스 2회, 코엑스 2회, 송도 1회, 대구 엑스코 1회, 울산 1회, 수원메쎄 3회 등 전국적으로 연 간 10회에 걸쳐 베이비페어를 열고 있다.

특히 코로나19 팬데믹을 거치면서 코베는 자타공인 최고 경쟁력 있는 전시회로 발전했다. 경쟁사가 계속 전시회의 연기와 취소를 거 듭하는 동안 우리는 한 번도 쉬지 않고 개최했기 때문이다. 베이비페 어 관람객의 데이터는 휘발성이 매우 강하다. 임산부가 주요 대상이 지만 2년만 지나도 임산부 데이터는 더 이상 바이어 데이터가 아니다.

어느 정도 아기를 키우고 나면 더 이상 베이비페어에 관심이 없다. 그런데 경쟁사들은 코로나19 팬데믹 2년 동안 연달아 전시회를 취소했고 우리는 연간 10번 넘는 전시회를 이어가면서 데이터를 축적했다. 그러니 오늘의 성과는 이미 예견된 결과였다.

●   B2B 전시회의 인수

우리들은 '호구', '바보', '돈지랄' 같은 업계의 비난을 이겨내면서 세 번의 전시회 인수합병에 모두 성공했다. 그리고 이후 건축박람회와 베이비페어에서 이뤄진 우리 회사의 성과는 전시업계에 적지 않은 충격을 주었다.

우리들은 멈추지 않았다. 다시 B2B 산업전시회에 시선을 맞추기 시작한 것이다. B2B 전시회 인수를 위해 바쁘게 움직이던 어느 날, 국제코팅산업박람회를 주최하는 회사 대표로부터 연락이 왔다. 이 회사는 송도컨벤시아에서 시작된 『코팅코리아』와 도금표면처리 산업 전시회인『설텍(Surtech)』, 두 가지 전시회를 열고 있었다. 두 개 모두 철강, 목재, 플라스틱 등의 표면을 코팅하는 제품을 거래하는 전시회였다. 민간 기업인 이 회사와 송도컨벤시아가 전시회 지분을 나눠 갖고 있었다.

사실 우리는 이 회사를 전부터 눈여겨보고 있었다. 독특한 아이템과 공격적인 콘셉트로 파격 행보를 걷는 젊은 기업이었기 때문이다.

코엑스에서 '패션위크(Fashion Week)'라는 의류디자인 전시회를 열기도 했다. 동대문과 을지로 등에서 시작된 젊은 신예 디자이너의 패션쇼와 함께 이들의 제품을 부스로 꾸민 전시회였다.

멋진 생각을 용감하게 실천하는 전시회라고 생각하고 있었다. 그런데 이런 회사가 왜 어려울까? 왜 이 회사에서 가장 안정된 수입원인 『코팅코리아』를 매각하려고 할까? 궁금하지 않을 수 없었다. 회사 대표의 설명은 간단했다. 자금 부족 때문이었다. 벤처정신을 발휘해 새로운 형태의 전시를 시작했지만 투자를 받지 못했고, 패션위크 같은 새로운 개념의 전시회를 적자로 몇 번 운영하자 한계에 봉착했다는 내용이었다.

마음이 아팠다. 더불어 이런 인재가 전시업계를 떠난다면 정말 아깝다는 생각이 들었다. 그러나 자신이 없었다. 우리 회사가 전혀 모르는 산업이었기 때문이다. 코팅과 표면처리산업. 우리들은 생각해 본 적도, 자세히 들어 본 적도 없는 생소한 분야였다. 게다가 산업 규모가 큰 것도 아니었다. 기계, 자동차, 항공처럼 규모라도 크다면 한 번 도전해 보겠지만 코팅산업은 성장에 한계가 있을 거라 생각했다. 인수합병을 결정할 때 가장 중요한 고려사항은 성장성이다. 지금은 작은 규모라도 1~2년 지나면 규모가 커져야 하는 것이 핵심이다. 그게 아니라면 전국 순회 전시를 할 정도의 산업은 되어야 한다고 생각했다. 그러나 이 전시회는 이도 저도 아니었다.

전시회 소유권을 송도컨벤시아와 공동으로 갖고 있다는 점도 마뜩지 않다. 그때까지만 해도 다른 누구와 공동사업을 수행한다는 것에 대한 거부감이 많았다. 게다가 공공기관 성격이 강하고 '갑'의 위치에 있는 전시장 임대인의 역할을 하는 전시장과 협업해야 한다는 점도 큰 부담이었다. 이런 점을 종합해 본 결과, 국제코팅산업박람회 인수는 포기하는 게 낫다고 판단했다.

회사 대표를 만나 거절 의사를 밝히자 상대방은 조 사장에게 매달리기 시작했다. 나중에 이 회사 대표가 예전에 자신이 근무했던 전시회사 대표에게 회사 매수를 요청했다가 거절당하면서, 전시회를 사줄 회사는 메쎄이상 밖에 없다는 조언을 들었다는 걸 알게 되었다. 당시 전시회를 돈 주고 사는 곳은 우리 회사뿐이었으니 이 조언이 틀리진 않았다.

결국 우리는 임원회의 끝에 『코팅코리아』의 인수를 결정했다. 다소 우려스러운 점은 있으나 수익보다는 전시 전문회사로 발전하기 위해 B2B 산업전시회를 확대해야 할 필요가 있었다.

두세 주 협의 뒤 공동소유자인 송도컨벤시아에 인수합병 사실을 통보했다. 그러자 송도컨벤시아는 의외의 반응을 보였다. 송도컨벤시아 측은 자신들과 해당 전시주최사 간의 계약상 『코팅코리아』를 제3자에게 매각할 수 없다고 주장했다. 즉, 송도컨벤시아의 동의 없이는 전시회를 넘길 수 없다는 얘기였다.

이면에 우리가 모르는 것들이 숨어 있을 것 같다는 촉이 섰다. 상황을 더 자세히 알아보자 짐작대로 몇 가지 놓치고 있던 사실을 알게 되었다. 자금 사정이 어려워 현재로서는 전시회 진행도 어려워 보였다. 혹시 회사가 부도나면 공동주최하는 송도컨벤시아까지 힘든 상황에 놓일 수 있는 위험천만한 순간이었다.

우리는 이 같은 이야기를 송도컨벤시아 담당자에게 설명했다. 그러자 그는 우리에게 일리 있는 이야기라며 곧바로 경영진에게 보고하고 법률 검토를 하겠다고 답변했다. 몇 시간 후 송도컨벤시아는 인수에 동의한다는 의견을 보내왔다. 그날 밤 9시부터 우리들은 회사에 대한 실사를 진행했고, 동시에 전시회 담당직원 2명을 인터뷰했다. 이날 새벽 1시, 인수대금 전액을 송금하면서 또 한번의 인수합병을 성사시켰다. 광속으로 이뤄진 M&A였다.

우리는 이렇게 또 하나의 윈-윈 모델을 만들었다. 지금도 『코팅코리아』와 『설텍』 전시회는 순조롭게 치러지고 있으며, 이 전시회를 시작으로 송도컨벤시아와 메쎄이상은 거의 형제 회사처럼 협업하며 다양하고 새로운 전시회를 개최하고 있다. 『스마트기계박람회』와 『국제치안산업박람회』를 송도컨벤시아와 공동 추진할 수 있었던 것도 모두 코팅코리아의 인수합병 덕분이라고 생각한다. 『베이비페어』와 『펫박람회』, 『캠핑박람회』를 송도컨벤시아에서 열 수 있게 된 것도 마찬가지이다.

송도컨벤시아는 지금도 그때 우리 회사의 『코팅코리아』 인수를 고마워하고 있다. 우리가 인수하지 않아 전시회를 열지 못했다면 자신들도 매우 힘들었을 것이라고 이야기한다. 작은 전시회 인수였지만 이 일은 우리 회사가 송도컨벤시아에서 가장 많은 전시회를 주최하게 되는 출발점이 되었다.

● 　전시회 영역을 농업까지 확장하다

어느 날 전시사업부 총괄 K 상무가 사장실로 들어오면서 다짜고짜 말
했다.

"사장님! 농업박람회를 한번 해보는 게 어떨까요?"

　조 사장이 자세히 이야기하라고 하자 그는 말을 이어갔다.

"OO전람이라는 회사 대표로부터 갑자기 연락이 왔습니다. 자신이 킨텍스에
서 귀농귀촌박람회를 하고 있는데, 몸이 아파서 더 이상 사업을 할 수 없으니
전시회를 사달라는 겁니다. 잘 되지 않는 전시회여서 이익도 거의 없는 것 같
습니다. 당연히 가격도 비싸지 않을 것입니다."

　우선 긍정적으로 생각하고 조사를 해 보기로 했다. 알아보니 킨텍
스에서 가장 규모가 작고 볼품없는 전시회 중 하나였다. 개최 시기도
7월 한여름, 장소도 가장 구석이라 킨텍스에서 전시회 운용이 어려운
8홀이었다. 이익도 거의 남기지 못하기 때문에 가치평가라고 할 만한
것도 없었다. 가만히 두면 그냥 사라질 만한 전시회였다. 게다가 대표
건강까지 안 좋으니 전시회가 없어지는 것은 시간문제로 보였다. 그
러면 그때 가서 킨텍스에 귀농귀촌박람회를 하겠다고 신청하는 게 좋
다는 이견까지 나왔다. 하지만 K 상무는 강하게 밀어붙였다.

"사장님. 그냥 우리가 사 줍시다. 어차피 아무도 안 살 겁니다. 큰돈은 들지 않습니다. 그러면 사장님 말씀대로 우리 회사 메시지를 여러 전시주최자들에게 분명히 알리는 효과를 얻을 수 있습니다."

'전시회를 접고 싶을 때는 메쎄이상에게 돈을 받고 넘길 수 있다.' K 상무가 말하는 우리 회사의 메시지였다. 그는 이 일이 전시산업 종사자들에게 하나의 비빌 언덕이 될 것이라고 했다. 게다가 자신이 귀농귀촌박람회를 맡으면 대부분의 관람객이 건축박람회와 겹친다는 점을 활용해 바로 흑자로 전환시키겠다고 다짐했다.

바로 그날 K 상무는 이 회사 대표를 만나 계약 체결과 대금 지불까지 끝낸 뒤 전시회를 가져왔다. 이렇게 시작한 것이 『케이팜(K-Farm)』이다. 이후 우리들은 농협을 공동주최자로 영입했고, 150개 미만이던 전시회 부스를 500부스로 키웠다. 그러자 킨텍스 담당자는 킨텍스 최악의 전시회 중 하나였던 『케이팜』을 이렇게 발전시키다니 놀랍다며 우리 회사를 침이 마르도록 칭찬하기도 했다.

현재 우리 회사는 킨텍스와 수원메쎄에서 『케이팜』을 1년에 두 번 열고 있다. 규모가 크지는 않지만 전국 지방자치단체와 농업기술센터 간의 네트워크를 구축한 전시회로 평가받고 있다. 또한 그 동안 호구라는 말을 수없이 들어 온 우리 회사의 과감한 M&A가 이렇게 좋은 결과를 낳을 수 있다는 것을 많은 사람들에게 알려 주고 있다.

● 금융위기 이후 위기에 빠진
    경향하우징페어

국내 최초 전시회 M&A라는 역사를 기록하며 야심 차게 출발한『경향하우징페어』. 처음에는 순항했다. 하지만 금융위기 후 직격탄을 맞는다. 노무현 정부 때까지 계속 상승세를 이어가던 건축 경기가 급속하게 꽁꽁 얼어붙었기 때문이다. 2009년 2월, 인수 후 두 번째로 열린 『경향하우징페어』의 결과는 참담했다. 인수합병 후 첫 전시회의 영광은 온데간데없었다. 2,300부스였던 전시회는 1,600부스로 쪼그라들었다. 5만 5,000㎡였던 전시면적도 겨우 3만㎡로 반토막 났다. 수익성은 말할 것도 없고 매출 자체가 폭락한 것이다.

그러자 사내에서부터 인수합병을 잘못했다는 비판이 들려왔다. 애초 우리와 맞지 않는 사업이었다는 가시 돋친 소리까지 나왔다. 처음부터 잘못된 인수합병이라는 말, 다시 되팔아야 한다는 주장도 있었다.

참가기업들도 도와주지 않았다. 많은 중소기업들이 장소를 문제 삼았다. 개장한 지 얼마 되지 않은 킨텍스에서는 전시회가 불가능하니 코엑스로 가야 한다고 주장하며 보이콧하는 기업도 있었다. 건축자재를 취급하는 대기업들도 대부분 코엑스 개최를 주장하며 참여를 거부했다. 하지만 코엑스에는 이미 상반기에『하우징브랜드페어』, 하반기에 홈덱스라는 두 개의 건축전시회가 자리 잡고 있었다. 따라서 우리가 코엑스로 이동하는 일은 원천적으로 불가능했다.

하지만 참가기업들의 요구를 무시할 수는 없었다. 우리는 가능성이 적더라도 한번 시도해 보자는 생각으로 코엑스 개최를 위한 협의를 시작했다. 무역협회와 코엑스를 상대로 논의를 시작했지만 경쟁사가 동의해 주지 않는 상황에서 『경향하우징페어』를 코엑스에서 여는 것은 절대 불가능했다.

우리는 결정권을 갖고 있는 경쟁사를 협상 테이블로 초대했다. 조사장과 코엑스 담당임원, 그리고 『하우징브랜드페어』 대표의 3자 회담이 열린 것이다. 경쟁사 대표는 완강했다. 자신들이 2월에 개최하기 때문에 동일한 건축박람회를 2월 또는 3월에 여는 것은 불가능하다고 버텼다. 코엑스 역시 경쟁사의 동의를 이끌어 내지 않으면 방법은 없다고 했다.

오랜 협상 끝에 우리는 경쟁사에게 파격적인 제안을 던졌다. 그리고 마침내 합의점을 찾았다. 두 전시회를 통합 개최하되 우리 회사가 경쟁사의 전년도 이익 이상을 보장하는 방식이었다. 우리로서는 코엑스 개최를, 경쟁사는 안전한 이익을 얻어내는 합의였다.

그러나 코엑스로 전시장을 옮기면 우리는 전시면적이 5만㎡에서 3만 8,000㎡로 줄어듦으로 매출 역시 줄어들 수 밖에 없었다. 그래서 공급물량을 줄이는 대신 참가기업의 퀄리티를 높여 내실을 꾀하자는 복안을 갖고 전시회 준비에 돌입했다. 의도는 좋았다. 하지만 결과는 쉽지 않았다. 일산 킨텍스 대신 선택한 강남 코엑스는 장단점이 극명하게 갈렸다. 코엑스는 접근성이 좋은 반면 전시장이 1층과 3층으로 나뉘어져 있다는 치명적인 약점이 있었다. 1층에 배정받은 기업들은 희색이 만연했지만 3층으로 간 조명, 가구 등의 기업들은 잔뜩 인상을 쓰며 차라리 킨텍스가 낫다며 원성을 멈추지 않았다.

설상가상으로 우리가 코엑스로 잠시 자리를 옮긴 틈을 타 또 다른 경쟁사인 M건축박람회가 킨텍스로 치고 들어왔다. 잘못하다간 어웨이 게임에서도 지고 안방마저 빼앗길 위기였다. 진퇴양난의 순간, 우리는 원정 강행이냐 원대 복귀냐 하는 중대한 결정을 해야 했다.

심사숙고 끝에 우리는 접근성을 버리고 확장 가능성을 택했다. 킨텍스로 되돌아가기로 한 것이다. 조 사장은 돌이켜보면 전시사업 15년 동안 가장 잘못된 선택이 바로 이 코엑스 통합개최였다고 고백한다.

확장 가능성을 선택해 킨텍스로 돌아간 것은 당시 킨텍스 대표이사의 도움이 컸다. 그는 우리들이 코엑스에서 건축박람회를 열었던 2010년, 조 사장을 찾아와 "다시 돌아오실 것이라 믿고 올 한 해 킨텍스에서 건축박람회를 열지 않겠습니다"라고 말했다. 그리고 그 약속을 지켰다. 조 사장을 비롯한 우리 모두는 아직도 그에게 깊이 감사하고 있다. 2010년 코엑스 통합개최 다음 해인 2011년, 우리들은 킨텍스에서 『경향하우징페어』와 『하우징브랜드페어』를 통합하여 개최했다. 이후 둘은 완전히 헤어졌다. 『경향하우징페어』는 킨텍스, 하우징브랜드페어는 코엑스라는 제자리를 찾아간 것이다.

● 처음부터 다시 시작하는 전시사업

이때 일로 우리가 뼈저리게 깨달은 교훈이 하나 있다. 전시회는 입지보다 내용이라는 것. 지리적 입지도 중요하지만 내용을 알차게 꾸미고 질 높은 바이어를 많이 데려오는 것이 전시회 성공의 핵심이라는 사실이다. 값비싼 대가를 지불하고 우리는 'Back to the basic'이라는 불변의 진리를 얻었다.

이렇게 우왕좌왕하는 동안, 경향신문사에서 넘어온 직원들은 단한 명만 제외하고 모두 회사를 떠났다. 회사로서는 값비싼 경험을 잃은 위기였지만 완전히 새롭게 출발할 수 있는 기회이기도 했다. 위기를 기회로 삼기 위해 대표이사가 전면에 나섰다. 더불어 IT 개발자 출신 직원 K를 팀장으로 임명하고 경향신문사에서 온 마지막 직원 K를 중심으로 진용을 다시 짰다. 새로운 직원들도 대거 채용했다. 'Reset' 선언 후 다시 시작하는 전시팀 멤버들에게 사장이 말했다.

"여러분은 앞으로 3년 동안 돈 한 푼 안 벌어도 됩니다. 3년 동안 회사는 여러분에게 매출이나 수익으로 절대 부담 주지 않을 것임을 약속합니다. 대신 한 가지만 요청합니다. 앞으로 30년을 지속할 수 있는 전시회를 다시 만들어 봅시다. 이를 위해서 필요한 것이라면 모두 바꿉시다. 지금까지 1등이었다는 자부심조차 모두 버리고 처음부터 시작하는 마음으로 다시 일합시다."

모든 것을 바꾸기 위해 가장 먼저 브랜드 이미지를 바꿨다. 『경향하우징페어』란 기존 이미지는 너무 올드(old)했다. 당시 대부분의 전시회 광고는 현장 사진 몇 컷을 붙여 놓은 화면에 기간과 장소를 자막으로 띄우며 '많은 관람 바랍니다' 하고 마무리하는 방식이었다. TV에서 첨단기술을 활용한 세련된 광고 뒤에 이런 광고가 나오면 당황스러울 정도였다. 그러나 우리 광고도 마찬가지였다. 한 편당 광고 제작비를 500만 원 이상 쓰지 않았다. 정보만 알리면 된다고 여길 뿐, 굳이 감성까지 건드릴 필요성을 느끼지 못했기 때문이다.

이미지 쇄신을 위해 가장 먼저 광고회사를 교체했다. 기존 업체 대신 글로벌 합작회사 '하쿠호도제일'을 선택했다. 선두 기업으로 국내 10대 광고회사 중 한 곳이었다. 이 회사를 활용해 전시회 광고제작비만 1억 원 이상을 썼다. 새롭게 만드는 광고는 접근하는 방식부터 달랐다.

'1등은 스스로 1등이라고 말하지 않는다, 1등 전시회 강조 대신 시청자를 궁금하게 해야 한다.'

이렇게 말하는 광고 전문가들은 다음과 같은 논리로 우리를 설득했다.

'전시회는 소풍과 같다. 내일이 소풍 가는 날이라면 오늘 밤은 얼마나 설렐까? 마찬가지다. 전시회에 가서 새로운 기술과 신상품을 볼 수 있다면 해당 분야 전문가나 소비자는 밤새 설렐 것이다. 그렇다. 전시회의 본질은 설렘이다. 소풍 전날 밤의 설렘을 광고에 표현해야 한다.'

우리들은 전문가들의 조언을 흔쾌히 수용했다. 그 결과 『경향하

우징페어』의 광고 콘셉트가 새롭게 탄생했다. 바로 '두근두근 쿵쿵쿵
『경향하우징페어』'였다.

"더 이상 밤 손님은 되지 않을 것이다.
밤낮없이 친환경을 생각하는 연구원의 설렘으로
아파트를 아트로 바꾸는 디자이너의 설렘으로
빌딩 숲을 진짜 숲으로 덮겠다는 건축가의 설렘으로
가로수 길에 랜드마크를 짓겠다는 사장님의 설렘으로
대한민국의 가슴이 벅차오릅니다. 건축이 그리합니다.
두근두근 쿵쿵쿵 경향하우징페어"

　　참가기업이 좋은 건축자재를 갖고 출품한다는 내용의 카피였다.
설렘은 참가기업 말고 참관객에게도 필요했다. 이에 따라 참관객인
바이어의 가슴을 설레게 할 수 있는 광고도 만들었다.

"드디어 딸들의 전쟁은 끝날 것이다.
이제는 각방을 갖게 될 자매의 설렘으로,
엄마처럼 살진 않겠다는 새색시의 설렘으로,
전세 설움과 작별한 아줌마의 설렘으로,
자신만의 왕국을 갖게 된 아버지의 설렘으로,
대한민국의 가슴이 벅차오릅니다. 건축이 그리합니다.
두근두근 쿵쿵쿵 경향하우징페어"

참가기업과 소비자의 반응은 뜨거웠고 순식간에 입소문이 확 퍼지기 시작했다.

"경향하우징페어가 확 달라졌어."
"맞아~ 내년에는 뭔가 크게 바뀔 것 같아."

　　광고의 영향을 받은 참가기업들도 반응하기 시작했다. 전시회 시작 4개월 전인 2012년 10월, 서울 신사동 한식당에서 비전설명회를 개최했다. 주요참가업체 대표들이 모두 참석했다. 그들은 확실히 예년과는 다른 반응을 보였다. 한번 믿어볼 테니 열심히 해 보라는 이야기가 대부분이었다. 오래 전부터 참가하고 있는 대기업이나 중소기업들과 미팅을 할 때도 확 달라진 반응을 실감할 수 있었다. 참가기업들과 나눌 화젯거리가 풍부해졌다. 더불어 우리가 발전하기 위해 노력하고 있다는 진정성을 인정받을 수 있었다.
　　주황색 꽃송이 같은 몽글몽글 브랜드 이미지도 이때 탄생했다. 우리 회사 광고가 성공하자, 얼마 뒤 모 건설사와 베이비페어 주관사들이 우리를 카피해 거의 똑같은 포맷으로 광고하는 일까지 발생했다. 이처럼 『경향하우징페어』의 브랜드 이미지 제고는 일단 어느 정도 합격점을 얻었다.
　　전시회를 뼛속부터 바꾸기 위해 두 번째로 한 일은 홍보비의 대폭 증액이었다. 먼저 우리는 예전부터 진행하고 있던 대중매체나 인터넷 내제광고와는 별개로 관람객에게 서물을 증정하는 이벤트를 기획했다. 여기에 책정한 예산은 무려 2억 원이나 되었다.

어떤 직원은 '추첨을 통해 아파트 한 채를 주자'는 아이디어를 냈다. 입이 벌어질 만한 파격적인 선물을 제시하면 언론에 보도될 것이고, 이는 곧 홍보효과로 이어져 많은 사람들이 몰려들 것이라는 주장이었다. '관람객 전원에게 무료 주차권을 지급하자, 매일 관람객 중 5명을 추첨해 1,000만 원 상당의 인테리어 비용을 지급하자'는 등 다양한 아이디어들이 나왔다.

이벤트의 성공을 위해 국내 최고인 H 백화점의 마케팅 임원으로부터 컨설팅을 받았다. 직원들이 낸 수많은 아이디어 중에 어떤 이벤트를 하는 것이 효과적일 것인지 묻자 마케팅 임원은 의외로 간단하게 결론을 내렸다.

'경품을 받을 가능성을 높여라.'

그는 가능한 많은 사람들이 사전등록을 하고, 그들이 모두 현장에

두근두근 쿵쿵쿵 『2013 경향하우징페어』 광고

오도록 하려면 경품을 받을 가능성을 높여야 한다고 주장했다. 경품 가격을 높이고 확률을 낮추면 합리적인 사람들은 대부분 전시회에 참가하지 않는다고 했다. 로또 당첨처럼 나와는 상관없는 남의 일이라고 여긴다는 것이다. 대신 사전등록 후 직접 방문하면 1만 원 상당의 매력적인 경품을 무조건 받을 수 있도록 한다면 사전등록과 실제 방문 확률을 모두 높일 수 있다고 설명했다. 백화점들이 '5만 원 이상 구매고객 모두에게 2만 원 상당의 선물을 증정하는 이벤트를 하는 이유도 동일하다고 말했다. 더불어 2만 원 상당은 소비자 가격 기준이므로, 보통 30% 미만인 원가로 계산하면 효율은 더욱 높아진다고 덧붙였다.

그럴듯했다. 새로운 시도를 하려는 우리에겐 완벽한 논리였다. 우리는 그의 의견을 수용했고 나아가 선물까지 그 백화점에서 구매했다. 그렇게 준비한 관람객 이벤트 선물은 그릇세트와 과일세트 1억 원 분량이었다. 이벤트는 성공해 사전 등록자수와 방문자 수 모두 전년 대비 20% 이상 늘어나는 성과를 얻었다.

한편 전시회 홍보를 위해 쿼터 광고 서비스도 새롭게 도입했다. 쿼터 광고 서비스는 참가기업이 신문이나 잡지 등 언론매체에 지면 광고를 게재할 때 지면의 1/4을 『경향하우징페어』 광고로 채우면, 메쎄 이상이 광고비의 1/4을 부담해 주는 프로그램이었다. 이는 참가기업의 광고비 부담을 줄여줌과 동시에 우리 전시회 광고를 매우 많이 할 수 있는 효과도 컸다. 쿼터 광고 서비스를 실행하자 건축관련 잡지를 펴면 한 페이지 걸러 한 번씩 『경향하우징페어』 광고가 나오기도 했다. 이를 본 참가기업 관계자들은 『경향하우징페어』가 광고로 도배를 했다고 너스레를 떨기도 했다.

광고와 홍보를 강화하는 일과 함께 우리는 전시회 규모를 키우기 위해 치열하게 고민했다. 전시회 규모가 크다는 것은 그만큼 많은 기업들이 참가한다는 뜻이다. 또한 좋은 기업을 많이 유치한다는 것은 바로 전시회의 수준과 직결된다.

이를 위해서는 반드시 더 많은 부스를 유치해야 했다. 그러나 기존 영업 데이터로는 한계가 있었다. 이를 극복하기 위해 우리들은 '특별관'이란 새로운 전략을 짜냈다. 당시 업계에서 뜨거운 이슈를 소재로 전시회 내에 특별관을 구성하는 방법이었다. 이에 따라 2012년에는 국토교통부와 함께 '공공기관 이전청사 녹색화 특별 전시관'을 구성했고, 『호텔레스토랑전시회(HRIS)』도 새롭게 론칭했다. 그 다음해에는 '2013 실내 좋은 공기 만들기 특별전'을, 이어서 '2014 주택시공업체 특별관' 등을 기획해 볼거리를 늘리고 진성 바이어를 유치하기 위해 최선을 다했다. 모두 당시 건설업계의 핫이슈를 담아낸 특별관이었다. 2015년에는 『리빙앤라이프스타일』, 2016년에는 『한국기계설비종합전시회』를 새롭게 개시해 전시회 규모를 계속해서 확대해 나갔다.

모든 것을 바꿔 처음부터 다시 시작하는 우리들의 노력은 차츰차츰 결실을 맺었다. 2015년 2월, 『리빙앤라이프스타일』을 추가하면서 『경향하우징페어』의 전시면적은 드디어 킨텍스 1전시장 전관 5만㎡로 다시 확장되었다. 2008년 전관 개장 이후 7년 만에 이룬 쾌거였다.

또 다른 새로운 탈바꿈은 기본 부스 형태의 변화였다. 2014년까지 우리는 알루미늄 기둥으로 만든 가장 기본적인 형태의 '옥타부스'를 사용했다. 그러나 몇몇 디자인 관련 전시회에는 옥타부스 대신 '아트부스'를 사용한다. 나무로 부스를 짜고 표면에 도배를 하거나 도색을 하기 때문에 '목공부스'라고도 부르는데, 이 부스는 비용이 많이 든다. 하지만 우리는 비용 부담을 무릅쓰고 아트부스로 업그레이드를 결정했다. 디자인을 중시하는 건축자재 기업을 유치하려면 부스 형태의 업그레이드가 필요했기 때문이다. 또 우리가 개최하는 모든 전시회를 아트부스로 바꿨다. 부스 업체와 총괄계약을 맺어 아트부스를 저렴한 가격으로 제공받는 일도 성사되었다.

●   오프라인 전시회의 데이터를
          디지털로 구축하다

무엇보다 가장 크게 공을 들인 전시회의 변화는 디지털화였다. 참가기업과 방문객의 데이터화가 가장 절실했다. 처음 전시회를 시작했던 이유처럼 전자상거래와의 협업모델을 위해서도 데이터의 디지털화는 필수적이었다.

모든 전시회는 오프라인으로 관람한다. 하지만 우리는 등록시스템을 모두 디지털화했다. 종전에는 협력업체를 활용했지만 이때부터는 우리가 직접 등록시스템을 개발했다. 그리고 이 시스템으로 모인 관람객 데이터를 분석하기 시작했다. 고객 한 명 한 명의 정보를 소중히 다루되 이를 기반으로 더 나은 서비스를 제공하려는 의도였다.

그때까지만 해도 전시업계에는 관람객을 너무 빨리 입장시키지 말라는 '말도 되지 않는 이야기'가 떠돌았다. 로비에 사람들이 길게 줄 서 있어야 좋은 전시회로 평가받는다는 논리였다. 하지만 우리는 반 대로 갔다. 바코드를 활용해 최대한 빨리 입장시켜 관람객들이 전시 장 안에 더 많이 머물도록 지원했다.

디지털화의 대표적인 열매는 전시관리시스템(FMS)과 빅데이터 분석 솔루션인 ES Trend이다. 이와 같은 전시회의 디지털화, 전시회 의 IT 혁신이 오늘의 메쎄이상을 만든 일등공신이다.

브랜드 이미지 구축, 홍보 전략의 변화, 전시회의 IT화. 이 세 가지 전략의 앙상블에 힘입어 『경향하우징페어』는 매년 발전을 거듭했다. 참가기업은 2011년 503개 사에서 2019년 756개 사로 증가했고, 총 부스 개수는 2011년 2,132부스에서 2016년 2,888부스로 756부스 증가했다. 2019년에는 3,100부스를 넘겼고 사용면적 역시 7만㎡를 뛰어넘기도 했다. 개막 전 미리 신청을 받는 사전등록 수는 2016년 5만 명, 2017년 6만 명, 2019년 10만 명을 차례로 돌파했다. 참관객 수 또한 매년 증가해 2016년에는 8만 6,000명을 넘었고, 2019년에 는 10만 명을 넘기는 기염을 토하기도 했다.

물론 2020년부터 시작된 코로나19 팬데믹으로 건축박람회는 많 이 축소되었다. 그러나 20년부터 21년까지 2년 동안에도 우리들은 전국을 돌면서 한 번의 취소 없이 전시회를 이어갔다. 2021년에는

2,000부스를 넘지 못했지만 계속해서 회복되고 있다.

●   코리아빌드로 새롭게 태어나다

2012년부터 시작된 '『경향하우징페어』 다시 만들기 운동'은 이렇게 멋진 성과를 만들어냈다. 하지만 우리들은 변화의 고삐를 다시 한번 당겼다. 2019년을 앞두고 또다시 변화를 시도한 것이다. 이번에는 '건축박람회의 글로벌화'였다. 더 이상 국내 최고에 머물지 말고 세계적인 글로벌 전시회로 발전하자는 목표였다.

이를 위해 먼저 전시회 명칭을 『코리아빌드(KOREA BUILD)』로 바꿨다. 무려 34년 동안 이어 온 『경향하우징페어』는 좋은 브랜드로 굳건한 자리를 잡고 있었다. 그러나 글로벌 전략을 추진하기엔 부담스러운 이름이었다. 무엇보다 '경향'이라는 이름이 해외 마케팅을 하기에 너무 어렵고 국지적이었다. 아무래도 해외 바이어들에게 직접적인 영감을 주긴 힘들었다. 게다가 이젠 경향신문사와 관련이 없는데 여전히 경향신문사 사업으로 오해하는 분들이 많다는 점도 전시회 명칭 교체가 필요한 이유 중 하나였다.

그래서 탄생한 명칭이 바로 『코리아빌드(KOREA BUILD)』. 일본의 대표 건축박람회인 『JAPAN BUILD』, 러시아의 『MOSCOW BUILD』를 벤치마킹한 이름이었다. 명칭을 만든 사람은 경향신문사 내부터 지금까지 근무하고 있는 K 팀장이다.

물론 인지도 높은 『경향하우징페어』란 명칭을 그냥 버릴 수는 없었다. 우리는 두 가지 명칭을 구분하여 활용하는 전략을 선택했다. 즉 킨텍스, 코엑스, 벡스코 등 글로벌 전시회를 지향하는 세 곳에서는 『코리아빌드』라는 명칭을 사용하고, 대구, 광주, 수원, 세텍 등의 전시장에서는 국내 건축박람회를 지향한다는 의미로 『경향하우징페어』라는 명칭을 사용하는 것이다. 국내용과 글로벌용으로 양분한 셈이다.

우리들의 환골탈태를 위한 노력에 힘입어 메쎄이상의 건축박람회는 2019년에는 킨텍스 7만㎡를 사용했고, 참가 부스는 3,100부스를 넘겼다. 이로써 10만 명 이상의 관람객이 성황을 이루는 글로벌 전시회로 발전한 것이다.

킨텍스에서 개최한 『2019 코리아빌드』

KOREA BUILD WEEK
코리아빌드위크

01 전시장

02 전시장

| 공간에 대한 **토탈 솔루션**을 제공하는 **건설·건축·인테리어 전문** 전시회

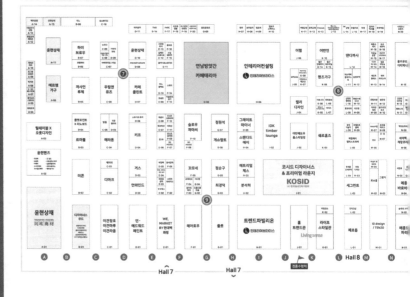

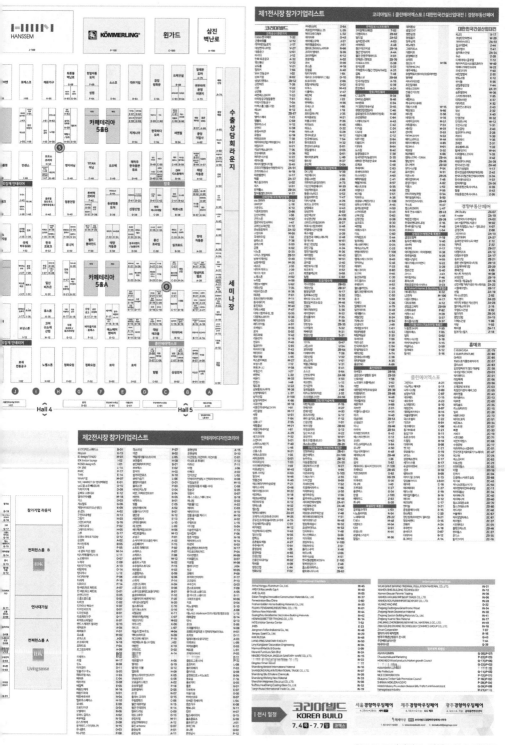

『2019 코리아빌드』 킨텍스 부스 배치도

의아한 방향

온라인에 목숨 거는 오프라인 기업

"안녕하세요~ 사장님! 지난달 새로 이전한 공장은 이제 자리가 잡혀가세요?"

『코리아빌드』 책임매니저 K가 참가기업 사장에게 인사를 건네자, 사장은 약간 어리둥절한 듯 잠시 대답을 머뭇거리다가 명함을 꺼낸다.

"네~ 많이 좋아졌습니다. 그, 그런데 누구시죠?"
"아, 네. 이번에 코리아빌드 내장재 파트를 맡은 매니저입니다. 전에 한 번 짧게 인사를 드렸는데, 아마 마스크를 쓰고 있어서 기억이 잘 안 나실 겁니다."
"아~ 네. 그런데 저희 공장 이전한 건 어떻게 아셨어요?"

K는 살짝 미소를 지으며 대답했다.

"지난번 사장님 회사를 담당하던 우리 회사 P 매니저로부터 전해 들었습니다. 이번에 들고나오신 세라믹타일 제품이 이전한 공장에서 처음 생산한 것, 맞으시죠?"

● 　참가기업의 정보를 꿰차는 비결

'그런 소식을 어떻게 벌써 알았어요? 대단한데요.'
'맡은 지 얼마 안 되었는데 우리 회사에 대해 많이 아시네요.'

우리 직원들이 고객들로부터 자주 듣는 이야기들이다. 전시업계에
선 보통 한 사람이 여러 전시회를 바꿔가며 담당한다. 특히 우리처럼
신규 전시회를 자주 시작한다면 담당자는 1년에도 몇 가지 전시회를
동시에 맡아야 한다.

이에 따라 메쎄이상은 인사이동이 잦을 수밖에 없다. 그러나 우리
회사의 매니저들은 새로 맡은 고객사라 하더라도 그들에 대한 정보를
처음부터 상당히 많이 안다. 어떤 제품을 생산하는지, 전시를 담당하
는 임원이 누구인지, 우리 전시회에 참여한 이력은 어떻게 되는지 등
을 샅샅이 숙지하고 있다. 따라서 고객은 전임 매니저에게 했던 이야
기들을 새로운 담당자에게 다시 말할 필요가 없다.

이것이 가능한 이유는 철저한 인수인계 덕분이다. 우리들은 옛날
시어머니가 며느리에게 곳간 열쇠를 넘겨주듯 업무를 인수하고 인계
한다. 또한 인수인계가 끝난 뒤에도 고객에 대한 정보를 필요할 때마
다 즉시 물어보고 곧바로 답변한다. 지금 만나러 가는 고객은 어떤 분
인지, 우리 전시회에 언제 출품했는지, 혹시 미수금은 없는지 실시간
으로 물어보고 답을 얻는다.

물론 이런 질의와 응답이 전화나 모바일 메신저로 이뤄지진 않는
다. 메쎄이상에서 고객에 대한 모든 정보는 FMS(Fair Management

System, 전시관리시스템)를 통해 확인한다. 우리들은 장소와 시간 구애 없이 언제, 어디서든 FMS에 온라인으로 접속해 전임자가 꼼꼼하게 기록한 기존 영업정보를 빠르고 정확하게 파악한다. FMS를 통한 신속하고 정확한 고객정보 확인, 이것이 바로 우리의 핵심역량이다.

● 데이터(data)는
  기억(memory)보다 강하다

"지난 전시회 때 A사는 왜 전시회에 참가하지 않았지?"
"지난번 B사에 제안할 때 누구한테 하셨어요?"
"아, 그리고 C사는 아직 미납금이 남아 있지 않나?"
"L 팀장이 D사 퇴사한 뒤 창업했다는 업체가 어디지?"

　전시회를 준비할 때마다 주고 받는 대화이다. 우리 역시 전에는 이랬다.

"그 업체는 그때 부스위치가 마음에 안 든다고 불참한 것 같습니다."
"아닙니다. 말은 부스위치가 마음에 들지 않아서 안 나왔다고 했지만 사실은 할인을 해 주지 않아 불참한 겁니다."
"둘 다 틀렸어. 그 업체는 부스단가에 민감한 업체가 아니에요. 자기 제품 콘셉트가 우리 전시회와 안 맞아서 안 나왔을 거에요."

대화가 이렇게 오고 가면 회의만 길어질 뿐, 기억력 싸움으로 서로 에너지만 소진하게 된다. 당연히 해당업체에 대한 제안 전략을 제대로 세울 수도 없다. 그나마 이런 기억을 갖고 있는 담당자가 회사에 다니고 있으면 다행. 아예 담당자가 없는 경우도 허다하다. 이런 총체적 난국의 '노답' 상황은 사실 우리 회사의 10여 년 전 모습이다.

이런 문제를 해결하기 위해 우리는 각자의 '기억'이 아니라 모두의 '데이터'를 확보하기 시작했다. 사실 담당자가 바뀔 때마다 명함을 주고 받은 뒤, 다시 처음부터 관계를 형성하는 일은 심각한 낭비이다. 누구나 관공서에 전화를 걸었는데 몇 번씩 전화를 돌릴 때마다 했던 이야기를 반복해야 했던 불쾌한 기억이 있을 것이다.

마찬가지로 전시회에 참여한 고객이 자신의 불만과 중요시하는 점을 담당자와 이미 공유했음에도 담당자가 새로 바뀌었다는 이유만으로 처음부터 다시 이야기를 해야 한다면 얼마나 답답하고 불편할까? 거꾸로 담당자가 바뀌었지만 지난번 이야기했던 내용을 모두 알고 대화한다면 고객은 얼마나 유쾌하고 편리할까? 나아가 우리 회사를 체계적이라고 칭찬하며 신뢰할 것이다.

고객으로부터 신뢰를 얻기 위해, 고객을 더 편하게 하기 위해 우리 회사는 전시회를 할 때마다 생성되는 수많은 고객 데이터들을 차곡차곡 쌓아간다. 처음에는 별것 아니던 데이터이지만 시간이 갈수록 열매가 주렁주렁 열린다. 열매가 된 데이터는 다음 전시회, 그 다음 전시회, 급기야 이종 전시회에서도 매우 유용한 마케팅 데이터로 다시 태어난다.

업무를 담당하는 사람은 언제든지 바뀔 수 있다. 의도치 않게 바뀌기도 하고, 필요에 따라 담당자를 주기적으로 변경하기도 한다. 적절한 담당자 변경은 서비스 품질을 높이기도 한다. 그러나 담당자의 경험과 기억은 담당자 개인의 것이 아니다. 회사의 자산이다. 따라서 담당자의 경험은 'Ctrl+C'되어야 하고 시스템에 'Ctrl+V'되어야 한다.

●   브랜드보다 중요한 고객 데이터

우리 회사도 처음부터 이렇게 바람직한 방향을 잡진 못했다. 우리 역시 수많은 시행착오를 거쳐 이런 생각에 도달한 것이다. 전시사업의 본질을 파악하기 전까지 우리들도 데이터를 중시하지 않았다. 늦게나마 데이터의 중요성을 깨닫고 시스템화를 시작했을 때 직원들의 반발은 상상을 초월하는 수준이었다.

전시사업에 첫발을 내디뎠을 때 우리들은 브랜드 파워에 집중했다. 전시회의 성공여부는 '브랜드 파워'에 달려 있다고 생각했다. 이미 자리를 잡은 전시회, 브랜드가 널리 알려져 있는 전시회는 대중매체 홍보만으로도 관람객을 손쉽게 모을 수 있다고 생각했다. 따라서 참가업체를 모집하는 영업은 브랜드 파워의 부산물로 여겼다. 그러나 이런 접근은 명백한 오류였다. 우리들은 실수와 실패를 거듭하며 조금씩 현실을 깨닫기 시작했다. 특히 2008년 금융위기가 건설경기 붕괴로 이어지자 브랜드 파워에 의존하는 기존 방식의 문제점이 고스란히 드러났다.

『경향하우징페어』인수 후 몇 년 동안 우리는 엑셀(excel) 프로그램을 통해 개인별로 업무를 처리하고 정리했다. 참가업체의 영업 관련 히스토리가 담당자별 엑셀 파일로 관리되고 있던 것이다. 방식은 물론 내용 역시 부실했다. 고작해야 회사명, 대표자명, 담당자명, 주소, 전화번호, 그리고 참가부스 개수 정도만 있었다. 이는 데이터로 보기조차 힘든 가장 기본적인 정보에 불과했다.

고객사가 어떤 제품을 생산하는지, 생산과 유통은 어떻게 하는지, 우리에게 어떤 요구사항이 있었는지, 전시회에 나올 때 무엇을 중시하는지 등에 관한 정보는 전혀 갖고 있지 못했다. 이런 정보들은 오로지 당시 담당자의 머릿속에만 있는 암묵지일 뿐, 형식지인 컴퓨터 파일로 존재하지 않았다.

더 심각한 점은 이 정도의 정보조차 다른 직원과 공유되지 않고 있었다는 사실이다. 임원이나 팀장이 물어보면 그제서야 자신의 기억을 되살려 답했다. 담당 직원이 퇴사라도 하면 참가기업과의 연결고리는 완전히 자취를 감췄다. 고객사의 담당자를 알지 못해 허둥대거나, 전임자가 약속한 내용을 몰라 고객과 다툼을 벌인 일도 한두 번이 아니었다.

2011년 말, 단 한 명을 제외하고 경향신문사에서 합류했던 직원들이 모두 회사를 떠나자 이전 전시회와 관련된 이야기들을 말로도 전해 들을 수 없게 됐다. 이때부터 우리들은 전시회 관리시스템을 개발하기 시작했다. 시스템 없이는 더 이상 전시사업을 할 수 없다는 위기가 혁신을 촉진한 것이다. 전자상거래 사이트를 개발했던 직원이 팀장을 맡아 전시회 관리를 시스템화하기 시작했다.

물론 그 이전에도 시스템화를 위한 노력은 있었다. 그때도 IT 개발자를 전시팀으로 보내 시스템을 개발했지만 전시 담당자들은 개발된 시스템을 전혀 사용하지 않았다. 현실에 맞지 않는 시스템이라는 것이 이유였다. 하지만 더 큰 이유는 관리 시스템을 자신들을 감시하기 위한 회사의 정책으로 오해한 것이다. 이런 상황에서 현장 요구대로 만들었는데 왜 쓰지 않느냐는 말도 공염불에 불과했다.

사실 지금 생각하면 당연한 결과였다. 어떤 시스템을 만들어 어떤 내용을 데이터화할 것인가 하는 정의도 없이, 전시담당자라는 이유로 그들에게 프로세스를 정리하도록 했으니 실패가 뻔했다. 시스템을 만드는 IT 개발자도 무엇을 데이터화해야 할지 몰랐고, 전시담당자도 몰랐던 것이다.

다행히 이런 혼란은 오래가지 않았다. IT 담당자가 전시팀장이 된 얼마 후 우리들은 전시회 관리 시스템이라는 꿈을 이뤘다. 이때 전시팀 팀장은 IT 개발자 출신이었고, 나머지 팀원들은 딱 한 명을 제외하고는 모두 신입이었다.

팀원들은 서로 잘 알지 못했고, 전시회 경험이 적었기 때문에 영업 내용을 공유하고 데이터화하지 않으면 일을 할 수 없었다. 전시팀 직원들은 차근차근 영업한 내용을 기록하고 공유했다. 그리고 원점에서 다시 시작하는 마음가짐으로 자신들에게 꼭 필요한 시스템을 만들기 시작했다. 이후에도 우리들은 횟수를 세기도 힘들 정도로 여러 번 시스템을 정비했다. 업데이트 빼고도 세 번이나 시스템을 완전히 뒤집어 엎었다. 이런 시행착오와 우여곡절을 거쳐 현재의 FMS가 완성됐다.

● 우리가 데이터에 집착하는
   두 가지 이유

그렇다면 우리들이 이처럼 IT 시스템에 목을 매는 까닭은 무엇일까? 전시회사가 IT 시스템으로 전시회 준비상황을 관리하는 진짜 이유는 무엇일까? 그 이유는 크게 두 가지이다.

첫 번째 이유는 전시담당자와 참가기업 간의 접촉 빈도가 매우 낮다는 현실 때문이다. 일반적인 기업은 고객과 지속적으로 거래한다. 따라서 영업사원과 고객사 간의 커뮤니케이션 역시 수시로 이뤄진다. 예컨대 낮에는 고객사를 방문하고, 저녁에는 담당자와 술잔을 기울이고, 주말에는 골프나 등산을 함께하는 방식이다. 특히 전통적 유통구조인 대리점 체제에서 영업담당자와 고객은 거의 매일 소통한다.

그러나 전시산업은 다르다. 건축박람회와 베이비페어처럼 1년에 여러 번 진행하는 전시회도 있지만 대부분의 B2B 전시회는 연례행사로 열린다. 따라서 참가기업은 일반적으로 1년에 한 번 주최자로부터 연락을 받아 전시회 참가여부를 결정한다.

따라서 고객 정보를 쌓는 일은 매우 힘들다. 1년에 한두 번 연락하는 사이이데 깊은 정이 있을 수 없다. 항상 데면데면하고 서먹서먹하다. 이때 중요한 것은 상대방이 걸어 잠근 빗장을 열어젖히는 일이다. 그리고 우리들은 이 닫힌 문을 여는 비책을 찾으려 시스템을 활용해 고객사의 영업정보를 관리하고 활용한다.

특히 신규 사업은 언제 시작한 것인지, 공장이전은 다 끝난 건지, 경쟁사와의 관계는 어떠한지 등이 중요하다. 대표의 개인적인 이슈나 가족관계 등을 알면 더욱 좋다. 예컨대 어떤 업체는 전시회에서 특정 회사와 가까운 장소에 자리잡는 일을 절대적으로 거부한다. 경쟁이 치열하다 못해 너무 심각한 경우에 보통 그렇다. 이런 민감한 사항을 놓치거나 무시하면 간혹 전시장 안에서 큰소리가 나기도 한다. 그런데 시스템이 없다면 이런 포인트를 찾아내기 힘들다. 이것이 우리가 데이터에 목숨을 거는 첫 번째 이유이다.

전시산업에서 데이터 관리 시스템이 반드시 필요한 두 번째 이유는 직원들의 평균 근속기간이 길지 않기 때문이다. 전시산업은 화이트칼라와 블루칼라의 특성을 동시에 갖고 있다. 콘셉트를 정하며 전시회를 기획할 때는 누구보다도 지적인 화이트칼라이지만, 전시를 앞두고 현장에서 부스를 설치하고 운영할 때는 영락없는 블루칼라다.

또한 전시산업은 노동강도도 높다. 전시회를 주최한다는 것은 기획-영업-마케팅-행사운영까지 성격이 다른 일련의 업무를 한꺼번에 한다는 의미이다. 멀티플레이어가 되지 않으면 살아남을 수 없는 이런 환경이 전시업계 젊은 종사자들의 근속기간을 팍팍 줄여간다. 여기에 데드라인(deadline)이라는 피 말리는 요소까지 추가된다. 전시회 오픈 일자는 목에 칼이 들어와도 변경될 수 없다. 전시회는 납기가 정해진 서비스 상품이자, 흥행에 실패하면 안 되는 상품이다. 한 번 흥행에 실패한 전시회를 다시 살려내기란 여간 어려운 일이 아니다.

전시회를 한 번 하려면 정해진 기간 동안 타임스케줄에 따라 해야 할 일정이 빼곡하게 쌓인다. 이 빠듯한 일정의 컨베이어 벨트에서 문제가 단 하나라도 생기면 전체 일정에 차질이 빚어진다. 긴박한 일정에 맞춰 일하는 것 자체가 담당자들에겐 큰 부담인데 전시회 시작이 가까워질수록 긴장감은 고조된다. 또한 이 과정에서 담당자들이 감당하기 힘든 상황이 심심치 않게 발생하기도 한다.

이런 어려움을 이겨내고 마침내 전시장을 부스로 다 채우면 뿌듯함이 밀려와 감격의 눈물을 흘리기도 한다. 전시사업의 이런 매력은 중독성이 강하다. 벅찬 보람을 제대로 맛보면 쉽게 이 바닥을 떠나기 힘든 것도 사실이다. 그래서 겉으로는 일반 회사처럼 보이지만 전시회사 직원들에게는 방송이나 뮤지컬 종사자들처럼 '쟁이 정신'이 있다. 그래서 좋아하는 사람은 미쳐서 하는 경우가 많은 것 같다.

하지만 워라벨을 강조하는 시대에 전시산업은 분명 힘든 업종이다. 주말 근무를 자주 해야 하고 전시를 앞둔 한두 주 동안은 밤늦게까지 이어지는 야근을 피할 수 없다. 이런 환경은 불가피하게 직원들의 잦은 이동으로 이어진다. 우리 회사 역시 직원들이 5년 이상 근무를 하게 되면 장기근속으로 이어지지만, 그 이전까지는 퇴사와 입사가 빈번하다. 따라서 인사담당자들은 어떻게 하면 직원들을 5년 이상 붙들어 둘 수 있을까 항상 고민한다. 단기 근속자 비율이 높다는 것은 곧 직원들을 해당 분야 전문가로 양성하기 힘들다는 것을 의미한다. 또한 고객과의 관계에서 심도 있는 인적 네트워크를 구축하는 것도 힘들다. 이런 현실이 우리를 데이터에 집착하도록 만드는 두 번째 이유이다.

● **데이터의 중요성을 더 많이 일깨워 준**
　코로나19 팬데믹

2020년, 전시산업은 코로나19 팬데믹의 직격탄을 맞았다. 코로나19 이전이었던 2019년에 650회였던 국내 전시회 개최횟수는 2020년 288회로 56%나 감소했다. 개최횟수만이 아니다. 어렵사리 개최했더라도 흥행 측면에서 보면 한 해 동안 모든 전시회가 적자의 쓴맛을 봤다. 한숨의 도가니였다.

전시주최업체 수는 891개에서 563개로 37% 감소했고, 전시주최업 연간 매출액은 1조 3,500억 원에서 6,200억 원으로 55% 감소했다. 보통 매출액의 20% 전후의 영업이익을 내는 전시산업에서 매출액이 절반 이상 줄었다는 것은 모든 사업체가 적자를 냈다는 뜻이다.

개최횟수, 사업체 수, 매출, 이익. 모든 것이 줄어드는 상황에서 전시주최업에 종사하는 인력들 역시 자연스럽게 감소했다. 2019년 5,000명이었던 전시인들은 한 해가 지난 2020년 3,300명 수준으로 떨어졌다. 무려 셋 중 한 명이 전시산업을 떠난 것이다.

이와 같은 사면초가 속에서 우리 회사 역시 흔들렸다. 하지만 우리

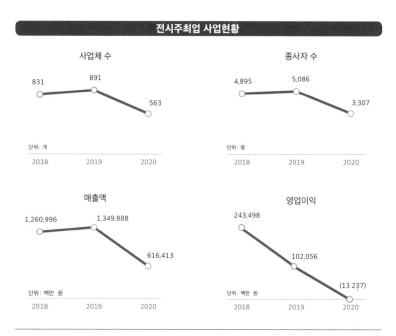

전시주최업 사업현황

사업체 수

831
891
563

단위: 개
2018 2019 2020

종사자 수

4,895
5,086
3,307

단위: 명
2018 2019 2020

매출액

1,260,996
1,349,888
616,413

단위: 백만 원
2018 2019 2020

영업이익

243,498
102,056
(13 237)

단위: 백만 원
2018 2019 2020

출처: 한국전시산업진흥회, AKEI

들은 계속 쪼그라들지만은 않았다. 위기를 뛰어넘을 수 있는 방법을 강구했다. 그리고 마침내 데이터에서 실마리를 찾기 시작했다. 전시산업의 취약점을 극복할 수 있는 방법은 데이터밖에 없다고 확신했기 때문이다.

전시산업은 그 자체로 하나의 독자적인 산업 영역을 갖고 있다. 그러나 동시에 다른 산업의 성장을 촉진하는 촉매제 역할을 하는 산업이다. 전시회를 포함해 기업회의, 인센티브 투어, 국제회의 등은 모두 산업 간 교류와 융합을 통해 부가가치를 창출하는 것을 목적으로 한다.

전시회는 셀러에게는 새로운 바이어를 만날 기회를 제공하고, 바이어에게는 새로운 제품을 만날 수 있는 정보의 장을 마련해 준다. 이를 통해 전시주최자는 셀러와 바이어 모두에게 더 나은 비즈니스 기회를 선사한다. 따라서 전시주최자의 역할은 분명하다. 얼마나 다양한 셀러와 제품을 전시장으로 끌어올 수 있느냐, 그리고 얼마나 많은 유효 바이어를 전시장으로 데리고 오느냐. 이 수요와 공급을 어떻게 정확히 매칭시키느냐가 전시회의 핵심이다.

이런 관점에서 볼 때 '데이터'는 전시주최자의 가장 중요한 밑천이 된다. 셀러와 바이어의 정보를 얼마나 풍부하고 정확하게 확보하느냐에 따라 성공이 좌우되기 때문이다.

●   우리 회사가 접촉한 기업, 12만 4,000여 개사

전시산업에서 데이터가 쌓이면 얼마나 큰 힘이 되는지를 잘 보여주는 좋은 실례가 있다. 우리나라 중소기업은 약 690만 개로 추산된다. 이 중에서 외식, 숙박, 유통 등 전시회와 관련 없는 소상공인이나 유통업자를 제외하면 약 45만 개 기업이 전시회와 직간접적으로 관련된다.

우리 회사는 45만 중소기업의 30%에 육박하는 기업과 접촉한 경험을 갖고 있다. 전시산업을 시작한 이후 지금까지 메쎄이상이 한 번 이상 접촉한 국내 중소기업은 약 13만 4,000개에 이른다. 구체적으로 2016년부터 2020년까지 5년 동안 전시회 참가를 설득한 뒤 FMS에

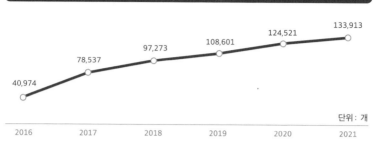

40,974   78,537   97,273   108,601   124,521   133,913

단위 : 개

2016   2017   2018   2019   2020   2021

※ 최초 업체의 영업 기록이 등록된 시점 기준 (중복업체 병합, 중복 없음)

기록을 남긴 기업만 계산해도 12만 5,000개이다. 그중에는 우리와 수시로 연락을 나누는 회사도 있고, 파트너십을 이뤄 협업을 하는 회사도 있다. 대한민국 중소기업 열 군데 중 셋은 메쎄이상과 일면식이 있다는 이야기이다.

20개 분야, 50회 이상의 전시회를 운영하면서 생성된 수많은 기업들의 방대한 자료를 데이터로 집적하지 않는다면, 그것들은 유용한 정보가 아니라 쓸모없는 쓰레기 더미일 수밖에 없다. FMS를 통해 정리하지 않으면 이렇게 많은 기업과 담당자와 그들의 정보를 기록하지 못했을 것이다.

FMS가 정착되기 전까지 메쎄이상 역시 참가기업에 대한 영업활동의 구체적 내용을 전혀 축적하지 못하고 있었다. 매년 반복되는 전시회임에도 불구하고 담당자는 원점에서 리셋(reset)을 한 뒤 다시 영업을 하고 제안을 하는 경우가 허다했다. 분명히 우리 전시회에 충성도가 높은 고객임에도 불구하고 모르는 사람에게 전화하는 것처럼 영업하는 경우도 비일비재했다. 간혹 엉뚱한 제안을 하는 경우도 있었다.

전시회를 주최하는 기획자는 고객사의 참가여부 결정을 기다리는 사람이 아니다. 고객사의 제품과 스토리를 이해하고 새로운 마케팅 전략을 수립하는 데 도움을 주는 컨설턴트 역할을 수행해야 한다. 그렇게 해야 참가 가능성을 높일 수 있다. 여기서 데이터의 중요성이 분명해진다. 고객사에 대한 데이터 없이는 컨설턴트가 될 수 없기 때문이다.

●   데이터는 감정보다 정확하다

회사 안에서는 다양한 형태로 수많은 커뮤니케이션이 일어나며 그 안에서 숱한 갈등도 일어난다. 특히 수직적 상하관계에서 자주 발생하는 갈등은 해결이 쉽지 않다. 공동체의 효율적인 운영을 위해 만들어진 상하관계는 일사불란한 조직운영을 위해 필수불가결한 최소한의 시스템이다. 반면 경직된 조직문화를 만드는 위협이기도 하다. 따라서 상하관계에서 어떤 방식으로 소통하느냐에 따라 조직문화에 대한 구성원의 평가는 매우 큰 차이가 난다. 이와 같은 상하관계에서 바람직하지 않은 커뮤니케이션 방식 중 하나는 '구체성'을 결여한 '감정적' 커뮤니케이션이다.

"당신은 왜 책임감도 없고 열심히 하지도 않는가?"

이처럼 팀원에게 추상적이고 감정적인 질책을 하는 팀장들을 자주 본다. 이렇게 말하는 팀장의 주장에 대해 팀원은 일반적으로 동의하기 어려울 것이다. 도리어 반감이 생길 수 있다. 속으로 이렇게 생각하기 십상이다. '나름대로 열심히 했는데 무엇이 문제란 말인가? 나보다 열심히 하지 않는 사람도 많고, 오히려 열심히 하지 않는 것은 팀장인데…'

우리 회사 역시 매년 인사평가를 시행한다. 그런데 그때마다 팀장이 팀원을 평가한 결과와 팀원이 자신을 평가한 결과가 너무 크게 차이 나는 경우를 종종 보게 된다. 여러 이유가 있겠지만 1년 동안 서로 추상적이고 감정적인 커뮤니케이션만 했다면 이런 차이가 생길 가능성이 매우 높다.

팀원의 성실성과 책임감에 문제가 있다고 판단한다면 팀장은 구체적인 근거와 객관적인 데이터를 제시해야 한다. 그것이 팀원이 제출한 보고서의 품질이든 영업활동량이든 출퇴근 시간이든 간에 상대방이 수긍할 수밖에 없는 구체적인 근거를 먼저 제시해야 한다. FMS는 바로 이런 구체적인 근거와 객관적인 데이터를 만들어 내는 탁월한 도구이다.

"당신은 지난 한 주간 우리 팀 다른 직원들 평균활동량의 70%에도 미치지 못하는 영업활동을 등록했습니다. 영업활동이 갑자기 떨어지는데 혹시 개인적으로 문제가 있습니까? 아니면 일에 집중할 수 없는 다른 이유가 있나요?"

이처럼 우리는 FMS를 통해 데이터를 먼저 제시하고 대화를 이어가고자 노력한다. 그래야 팀원도 수긍을 하든지, 아니면 등록한 영업활동 횟수는 적더라도 품질이 높다는 등의 해명을 할 수 있기 때문이다. 데이터는 직관보다 정확하다.

●   '기억'이 아니라 '기록'에 근거한다

전시산업을 처음 시작했을 때 다른 전시주최사 대표들로부터 재미있는 이야기를 듣곤 했다. 주요 고객사는 모두 대표 자신이 직접 관리한다는 말이었다. 직원들에게는 참여부스 수가 적은 기업만 맡기고 큰 기업은 모두 사장이 직접 챙겨야 한다고 말했다. 다른 사람에게 맡겼다가 퇴사라도 하면 낭패를 보기 때문이라는 것이다. 특히 직원이 경쟁사로 넘어가거나 직접 회사를 창업해 경쟁사로 등장하면 그대로 고객을 뺏긴다고 경계했다.

겪어보니 맞는 말이었고 '웃픈' 현실이었다. 시스템이 없는 상황에서 고객을 빼앗기지 않기 위해 노력하는 중소기업 사장의 애환이라고 할 수 있을지 모르겠다. 사실 1년에 전시회를 두세 개 정도 여는 소규모 전시주최사는 관리자 몇 사람이 회사의 모든 정보를 관리할 수 있다. 모든 거래처 정보는 관리자의 머릿속에 저장된다. 제품정보, 경쟁력, 시장인지도, 경쟁사 현황, 의사결정권자, 홍보전략, 마케팅 예산 등 전시회 개최와 관련한 중요 정보를 관리자가 취합하고 분석한다.

하지만 규모가 커지면 달라진다. 특히 동일하거나 유사한 콘텐츠가 아니라 성격이 완전히 다른 전시회를 다수 주최하는 경우, 관리자가 모든 정보를 취합하고 관리하는 것은 절대 불가능하다. 정리된 데이터를 분석하고 판단하는 것은 가능하지만 모든 정보를 자신의 두뇌에 저장하거나 엑셀 프로그램으로 관리할 수는 없다.

우리 회사는 대한민국에서 가장 많은 전시회를 주최한다. 건축, 임신, 출산, 유아, 반려동물, 레저, 문화콘텐츠, 병원, 의료기기, 메타버스를 포함해 20여 개 카테고리의 전시회를 열고 있다. 2021년 기준 연간 67회 전시회를 개최했다. 이를 위한 전화, 미팅, 이메일 등 영업활동은 연간 총 17만 458건이었고 영업대상업체는 무려 3만 5,532개 사에 달한다. 아무리 유능한 관리자라 해도 이 정도 규모의 전시회를 손에 쥘 수는 없다. 직원들이 어떤 기업을 대상으로, 어떠한 방식으로 영업하고 있는지 상세히 파악할 수 있는 비법은 없다. 심지어 동료들끼리도 알 수 없다. 담당자에 따라 같은 업체에 참가비를 다르게 제안하는 사고도 가끔 일어난다.

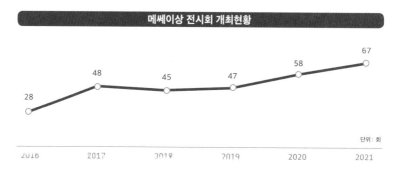

메쎄이상 전시회 개최현황

28 · 2016
48 · 2017
45 · 2018
47 · 2019
58 · 2020
67 · 2021

단위: 회

이를 해결하는 근본적인 방법은 모든 영업활동을 '기록'하고 '공유'하는 것 밖에 없다. 직원들이 '기억'이 아니라 '기록'에 의존하고, 개인의 '느낌'이 아니라 '집단지성' 통계에 근거하여 고객과 커뮤니케이션해야 한다.

● 메쎄이상에 IT팀은 없다

2022년 현재 우리가 사용하고 있는 FMS(Fair Management System)는 2018년 버전이다. 그 전까지 숱한 업데이트가 있었다. 무엇보다 산산이 흩어진 정보들을 체계적으로 정비해 데이터의 질적 완성도를 높일 필요가 있었다. 그리고 모든 영업활동은 기록되어야 한다는 신념 하에 기록되지 않은 영업활동은 존재하지 않는 것으로 간주한다는 원칙을 정립할 수 있는 시스템이 필요했다. 이를 위해 우리는 계속해서 FMS를 진화시키고 있다.

우리 회사에서 인원이 가장 많은 조직은 전체 인력의 30% 이상이 소속된 정보전략실이다. 정보전략실의 IT 개발자, 웹기획자, 웹디자이너, DB설계자들은 전시회 담당자와 수시로 소통한다. 이를 통해 그들의 요구사항을 실시간으로 분석하여 시스템을 개발하고 튜닝한다. 60개가 넘는 모든 전시회의 각종 홈페이지는 물론 참가기업들이 사용하는 전시회 신청관리, 콘퍼런스/세미나, 바이어 매칭, 동영상 홍보플랫폼, 온라인상담, 전시회 별 전용 앱(APP) 등 전시회와 관련한 현업의 모든 요구사항들은 정보전략실로 집결된다.

IT 중심 정책 실행과 효율성 제고. 우리들이 정보전략실을 직접 운영하는 이유이다. 우리는 IT팀을 관리부서로 인식하거나 지원팀이라고 여기지 않는다. IT는 다른 정책을 지원하는 기능이 아니다. 메쎄이상은 IT를 중심으로 정책을 실행한다. 그래서 우리는 IT팀을 '정보전략실'이라고 부른다. 정보에 대한 전략을 세우고 실현하는 회사의 중심이라는 의미이다. 특히 정보전략실장은 우리 회사 CIO(Chief Information Officer)로서 사장 직속에 위치하고 있다. 사장에게만 보고하면 무슨 일이든 할 수 있다. 근무공간 역시 대표이사와 매우 가까운 곳이다. 항상 대표이사와 가까이 커뮤니케이션하겠다는 의도에서다.

정보전략실을 직접 운영하는 또 다른 이유는 효율성 때문이다. 만약 외주업체를 활용해서 전시회와 관련한 모든 전산 업무를 처리한다면 직접적인 비용만 해도 엄청날 것이다. 게다가 외주업체와의 커뮤니케이션에 따르는 간접비용은 상상할 수 없을 정도로 클 것이다. 헤아리기 힘든 전시회 홈페이지들에 수정사항이 하나둘 발생할 때마다 외주 IT업체와 협의해야 한다면, 담당자는 자신이 맡은 업무를 그냥 포기하고 말 것이다. 그게 아니라면 고객 요구에 맞는 시스템 개발을 포기하고 전시회 업무를 기성 시스템에 맞춰서 진행할 것이다. 즉, 시스템에 적응하도록 고객들을 가르치는 방식으로 프로세스를 잡아갈 수 밖에 없다.

반면 메쎄이상은 전시담당자와 정보전략실이 긴밀하게 연결되어 있다. 팅싱 쉽고 빠르게 소통한다. FMS 이외에도 폐사업 전시회 고객을 위한 전용 애플리케이션 '쭈쭈쭈', 베이비페어 전용 애플리케이션 '코베몰', 전시회 전용 동영상 홍보플랫폼 '링크온(Linkon)' 등 메쎄이상의 작품들은 모두 IT 전문가와 전시 전문가의 협업이 만들어 낸 결과물이다.

● **시스템은 개발이 아니라**
　　정착이 문제

현재 사용하는 FMS는 세 번째 전면 재개편의 결과물이다. 이상택 부사장이 모든 프로세스를 점검하고 기획하는 PM 역할을 직접 담당했다. 그전 시스템이 지닌 문제점을 현업의 효율성 기준으로 대폭 개선했다. 기존에는 정보를 전시회별로 검색할 수 있었지만 지금은 참가 기업이나 담당자별로 검색할 수 있다. 쌓여가는 데이터 양에 비례하여 검색기능을 강화한 것이다. 분석기능도 강화했다. 기존 FMS에 비해 가히 비약적인 발전이라고 할 수 있다.

　그러나 이렇게 잘 만든 FMS였지만 사용률은 여전히 높지 않았다. 구슬이 서 말이어도 꿰어야 보배인데… 직원들에게 왜 FMS에 정보를 기록하지 않는지 질문하자 답변이 다채로웠다. 직원들은 '외근이 많아서 못했다, 현장 미팅을 하면 바로 등록할 수 없어서 못했다, 전화하고 이메일 보내느라 바빠서 못했다'고 답했다. 결국 귀찮아서 등록을 못하겠다는 말이었다. '귀찮다.' 우리는 이 귀찮다는 반응의 의미를

간과하지 않고 자꾸자꾸 되새겼다. 귀찮다는 것은 중요하다고 여기지 않는다는 뜻이다. '당장 실적을 내면 되지 뭐 그리 귀찮은 일에 집착하느냐?'는 생각이다. 우리는 먼저 귀찮다는 반응을 아직 습관이 안 되어 있다는 의미로 받아들였다. 그리고 습관이 되도록 돕기 위해서는 사람이 밥을 먹는 일처럼 FMS를 사용할 수 있도록 만들어줘야 한다고 판단했다.

우리 회사는 연말 평가 결과에 따라 차별화된 보상을 실시한다. 평가 결과에 따라 연봉과 보너스가 결정되고 진급에도 강력한 영향을 미친다. 그런데 메쎄이상 평가 항목 중에는 '영업활동내역'이 있다. 평가기간 동안 얼마나 많은 기업들과 접촉을 했는지, 얼마나 자주 교류를 했는지, 신규기업은 얼마나 발굴했는지, 전시회는 참가하지 않더라도 향후 전시회에 참가할 잠재고객은 얼마나 발굴했는지, 그리고 어떤 내용으로 커뮤니케이션을 했는지 기록된 모든 내용을 분석하여 성과 평가에 반영하는 것이다.

우리는 FMS에서 기록된 영업활동내역만 인정한다. FMS 사용을 밥 먹는 습관처럼 만들어 주기 위해서였다. 아무리 열심히 일해도 FMS에 기록되지 않은 영업활동은 없는 것으로 간주했다. 평가를 잘 받으려면 FMS를 충실하게 이용해야 했다. 그러자 귀찮아서 시스템을 사용하지 않던 직원들이 점점 줄어들기 시작했다. 한 번 시스템의 효과를 경험한 직원들은 FMS를 통해 얻는 효율에 푹 빠지기 시작했다. 결국 FMS는 메쎄이상 모두의 습관이 되었다.

시실 시스템은 데이터를 담기 위한 그릇에 불과하다. 약간의 전문

성과 열의가 있다면 늘 해 오던 업무의 요구사항 분석과 기획을 통해 좋은 시스템을 개발할 수 있다. 그러나 시스템을 잘 만들었다고 해서 데이터가 쌓이지는 않는다. 구성원들 모두가 회사 내에서 일어나는 모든 영업 활동을 데이터로 남겨야 분석할 만한 가치가 있는 데이터를 쌓을 수 있다. FMS를 구성원들의 습관으로 만드는 데 성공함으로써 우리 회사는 값진 데이터라는 귀중한 선물을 만들어 냈다.

● 데이터를 완성하는 것은 담당자의 영업이다

일반적으로 매년 개최되는 전시회에는 참가 경험이 있는 업체와 처음 참가하는 기업이 6:4 정도의 비율이다. 40%의 신규업체를 발굴해 전시회에 유치하려면 세부적인 영업전략이 필요하다. 또한 특정 카테고리나 특정 품목의 비중이 너무 높아서도 안 된다. 관람객에게는 항상 새로운 시장 트렌드를 보여주고 신제품을 소개해야 한다.

전시회란 출품하고 싶어하는 기업을 바이어에게 일방적으로 소개하는 자리가 아니다. 바이어가 보고 싶어하는 것, 또는 보고 싶어할 것이라 예상되는 품목을 유치해서 전시하는 자리이다. 관람객이 많은 전시회의 참가기업 유치는 크게 어렵지 않다. 그러나 관람객과 참가기업이 구름처럼 모여든 전시회여도 바이어에겐 혹평을 받을 수 있다.

그렇다면 바이어가 만족하는 전시회를 기획하기 위해서는 어떻게 해야 할까? 무엇보다 출품기업의 카테고리와 품목을 잘 골라야 한다. 더불어 전시 기획자는 자신의 콘셉트에 맞는 기업들을 유치해야 한다. 특히 아직 자리가 잡히지 않은 신규 전시회, 전시회 간 경쟁이 치열한 전시회는 유치영업의 필요성이 훨씬 더 커진다.

결국 전시회의 성공을 위해서는 신규업체가 언제나 필요하다. 신규업체 유치를 위해서는 당연히 잠재고객 데이터가 많이 축적되어 있어야 한다. 이 데이터의 질적 완성도가 높으면 높을수록 신규업체 유치 확률은 그만큼 높아진다.

그렇다면 전시회 성패를 좌우하는 참가기업 데이터는 어떻게 모을 수 있을까? 우리는 이를 매우 다양한 방식으로 수집한다. 방법에는 제한이 없다. 우리 회사 주최 전시회에 참가했던 기업은 물론 바이어로서 전시장에 방문한 기업, 전국 곳곳의 오프라인 전시장에 출품한 기업, 온라인을 통해 수집한 기업 정보, 나아가 신문이나 방송을 포함한 언론사들이 자체 제작한 기업편람, 조합이나 협회 등의 회원사 정보까지 DB의 유입경로에는 제한을 두지 않는다. 기업정보를 모았다고 해서 곧바로 데이터로 발전하지는 않는다. 회사명, 대표자명, 주소, 취급품목, 전화번호 등은 데이터라고 평가하기에는 문제가 많다. 이는 데이터로 발전하기 위한 출발점에 불과하다. 이를 기초로 구체적으로 어떤 제품을 만드는지, 시장에서는 어떤 위치를 차지하고 있는지, 경쟁사는 누구인지, 콘택트 포인트는 누구인지, 현재 그 기업이 집중하고 있는 마케팅 포인트는 무엇인지 등을 알아야 데이터로 발전시킬 수 있다.

이때 필요한 것이 전시 담당자의 영업이다. 단순 기업 정보가 해당 전시회의 유의미한 데이터로 거듭나려면 담당자의 영업 활동이 필수적으로 더해져야 한다. 특히 정보의 업데이트가 반드시 필요하다. 신제품 개발, 새로운 마케팅 전략 등의 내용으로 따끈따끈한 최신 정보가 되어야 비로소 요긴한 데이터로 발전할 수 있다.

● 디테일의 악마를 물리치는 FMS

우리 회사는 전시회를 팀별로 운영한다. 건축, 반려동물, 임신/출산, 레저, B2B 산업전시 등으로 구분한 팀들이 각각 해당 전시회를 맡고 있다. 그 다음에는 각 팀에서 다시 영업, 운영, 마케팅을 기능적으로 구분한다. 그러다 보니 해당 팀 내에서 전시회의 모든 것을 기획하고 준비할 수밖에 없다.

적게는 5~6명, 많게는 15명에 이르는 한 팀의 팀원들이 기획, 영업, 마케팅, 콘퍼런스, 운영 등의 업무를 분담하거나 병행하는데, 이 과정에서 팀은 가장 효율적인 방식으로 업무를 나누고 협력한다. 말은 상당히 쉽다. 영업 대상 기업들을 '잘 나눠서' '협력'하면 아무 문제가 없을 것 같다. 그러나 악마는 디테일에 숨겨져 있다는 말을 우리들 역시 피하지 못한다.

디테일의 악마는 가장 먼저 '어떤 기업 DB를 누구에게 배정할 것인가?'라는 문제에서부터 고개를 내민다. 팀 구성원들은 누구나 대기

FMS 배정화면

업이나 주요 기업 등 이른바 때깔 나는 기업을 영업하고 싶어 한다.

보통은 팀장이나 선임직원이 대기업이나 중요한 기업들을 담당한다. 고객사의 중요도에 맞게 배정하는 것이다. 그러나 먼지 풀풀 날리게 영업해야 하는 신규업체가 문제다. 신규업체 영업은 항상 힘들다. 전시회에 한 번도 참가해보지 않은 담당자들이 대부분이라 이야기를 풀어내기가 참 어렵다. 그렇다면 메쎄이상에서 이렇게 어려운 신규업체는 누가 담당할까?

우리는 이 문제를 FMS를 통해 해결하고 있다. FMS의 공정성은 참가업체 DB 배분의 적정성에서 출발한다. FMS에 전시회 하나를 새로 개설하면 유치대상 기업 목록이 팀원들에게 자동 배분된다. 예를 들어 『2021년 국제병인의료산업바람회』를 설정하면, FMS는 원칙적으로 2020년과 2019년 등의 병원박람회 참가기업 DB를 불러온 뒤 무작위로 팀원들에게 공평하게 자동 배분한다. 뿐만 아니라 우리 회사의 유사 전시회 참가업체, 타 전시회에 참가한 기업, 신규로 조사된 기업 등을 영업대상으로 추가하면 이 또한 FMS가 자동으로 담당자를 배정한다.

일반적으로 선임자는 후임자보다 업무에 익숙하다. 이 논리로는 선임자가 유치하기 어려운 업체를 담당하고 후임자는 유치하기 쉬운 업체를 담당해야 한다. 그러나 현실에서는 여러 가지 이유로 반대로 이뤄지는 경우가 많다. 사람의 개입에 따른 불공정 문제를 해소하기 위해 기획된 배분 장치가 바로 FMS이다.

2018년 이전까지 회사가 영업한 DB를 분석해 보면 전체 기업 중 약 4.6%의 기업에 대해 집중적이고 반복적인 영업이 이뤄졌고, 33.3%의 기업에겐 1년에 1~2회 정도의 영업행위만 있었다. 나머지 62% 기업에는 1년이 지나도록 한 번도 연락하지 않거나 못했다. 이는 결국 참가 가능성이 높은 기업에게는 영업활동이 계속 누적되지만 신규기업을 발굴하는 노력은 기울이지 않았다는 뜻이다.

이 문제를 해결하기 위해서 우리는 가능한 넓게 영업대상 범위를 확장하여 전체 DB 100%에 대한 영업을 할 수 있는 방법을 찾아야 했다. 그래야 신규 잠재고객을 확충하고 전시회의 품질을 끌어올릴 수 있기 때문이다. 그리고 이를 위해서는 사람이 눈으로 보고 영업대상을 배정하는 것이 아니라 시스템이 자동적으로 배분하는 방식이 필요했다.

또한 FMS에 자동 순환 배정 기능을 추가했다. 누가 영업을 하느냐에 따라 결과가 달라질 수 있기 때문에, 지난번에 A 직원에게 배정했다면 이번에는 B 직원에게 배정해서 다른 결과를 낼 수 있도록 하기 위함이다. 특히 전시회에 꼭 나와야 할 업체라면 그 업체를 A 직원, B 직원, C 직원 등이 돌아가며 자동적으로 배정할 수 있도록 했다.

이렇게 각 담당자에게 배정된 유치대상 기업 데이터를 전시회 개최 전 일정 시점까지 전수 조사한다. 해당 기업들과 접촉한 담당자는 그 결과를 활동내역에 기록하고 공유한다. 이 작업이 충실히 이뤄지면 "D씨! 삼성전자 연락해 봤어요? 그 업체가 뭐라고 해요? 이번에 참가한다고 하나요?"와 같은 질문은 불필요해진다.

●   똑똑하게 고객을 구분하는 FMS

이어서 접촉한 모든 기업들에게 등급을 부여한다. 크게는 'A(신청접수·참가확정), B(검토 중), C(거절), T(영업대상 아님)' 4개 등급으로 분류되고, 같은 등급 안에서 다시 세부적으로 구분된다. 이렇게 해야 데이터의 정확성을 높이고 불필요한 기업에 대한 중복적인 영업을 제거할 수 있다.

유치과정에서 부여된 등급은 다음 전시회 또는 관련 전시회에서 조건을 걸어 데이터를 끌어오기 위한 작업이기도 하다. 만약 업체별 등급이 없다면 신규전시회를 개최할 때마다 우왕좌왕할 수밖에 없다.

어떤 데이터에 우선순위를 두고 유치영업을 해야 하는지 알 수 없기 때문이다.

메쎄이상 직원들 역시 개인적 역량에 따라 영업력에 차이가 난다는 점은 부인할 수 없다. 매끄럽고 세련된 관계를 형성하는 직원도 있고 순발력과 임기응변이 좋은 직원도 있다. 우직한 모습으로 신뢰를 주는 것이 강점인 직원도 있다. 그러나 방식이 어떠하든 직원 개인에 따라서 영업력에 차이가 나는 것은 사실이다.

어떠한 형태의 영업이라도 상관없지만 최악의 방법은 피해야 한다. 영업 담당자가 피해야 할 최악의 방식은 바로 '읍소(泣訴)' 영업이다. 상대를 미안하게 만들거나 '형님, 동생' 하면서 치대는 영업을 말한다. 특별한 의도를 갖고 무엇인가를 부탁하고 들어주는 관계는 오래가지 못한다. 우리 역시 코로나19 상황에서 이런 읍소 영업이 아무런 도움이 되지 않는다는 것을 절실하게 느꼈다.

수십 년 동안 『경향하우징페어』에 참가하면서 끈끈한 관계가 형성된 업체라고 하더라도 사업에 도움이 되지 않으면 전시회에 참가하지 않는다. 사업은 사업일 뿐이므로 우리 회사와의 관계를 생각해서 전시회에 나오는 업체는 없다. 이것이 우리가 데이터에 집중하는 중요한 이유 중 하나이다.

따라서 전시회를 기획하고 영업하는 사람은 항상 데이터와 논리로 제안해야 한다. FMS에 누적된 데이터에 근거해 어떤 업종, 어떤 품목이 참가해야 어느 정도의 효과를 낼 수 있을지 면밀히 분석하고 제안해야 한다. 그래야 참가기업에게 웃음을 선사하는 전시회가 되는 것이다.

● '열심히' 하지 말고 '목표'에 근접하라

신규 전시회를 기획해서 새롭게 시장에 내놓는다는 것은 결코 쉬운 일이 아니다. 기존에 해 오던 전시회를 조금 더 확장하는 것과는 비교가 되지 않는다. 신규 전시회를 준비할 때마다 팀장은 비장한 각오로 팀원들을 독려하고, 팀원들 역시 열심히 하겠다는 투지를 모아 술잔을 들며 의기투합한다. 그러나 뚜껑을 열어보면 '열심히'라고 소리 높여 외쳤던 것은 대부분 허공의 메아리가 된다. '열심히 한다', '최선을 다한다'는 것만큼 주관적인 말도 없을 것이다. 대신 우리들은 데이터에 근거한 목표설정으로 최고의 성과를 내기 위한 실마리를 찾는다.

2021년 11월 말, 킨텍스에서 제1회 『스마트상점/리테일엑스포』를 개최했다. 코로나19 상황에서 전시회를 새로 시작한다는 것이 적잖이 부담스러웠지만, 인건비 상승이나 비대면 무인점포 증가 추세를 고려하여 과감하게 승부수를 띄웠다.

이 전시회에 참여한 기업은 약 70여 개사. 부스 역시 160개 정도로 킨텍스 전시장의 1개 홀도 다 채우지 못한 소규모였다. 하지만 관람객의 만족도는 매우 높았다. 무엇보다 관련 시장의 성장가능성을 확인할 수 있는 의미 있는 전시회였다. 이처럼 비록 작은 규모였지만 『스마트상점/리테일엑스포』를 나름대로 성공한 것은 '열심히' 노력한 팀원들 덕분이기도 하지만 그보다 중요한 요인이 있었다. 바로 치밀한 데이터 분석이다.

물론 어떤 사람들은 규모를 기준으로 이 전시회를 실패라고 주장

『2021 스마트상점/리테일엑스포』

할 수도 있다. 하지만 우리의 해석은 다르다. 우리들은 2,151개 업체를 대상으로 유치영업을 했고, 내실을 더하는 콘퍼런스도 잘 구성했다. 그 결과 70개 기업이 160부스 규모로 참여했다. 게다가 우리는 이 전시회를 통해 580개의 B등급 업체를 새롭게 확보했다. 이는 향후 크게 성장할 수 있는 잠재고객 데이터이다.

『2022 스마트상점/리테일엑스포』는 두 배 이상 성장할 것으로 전망한다. 참여 기업의 만족도가 매우 높았다. 또한 21년의 성과를 보고 내년 전시회 참가여부를 결정하겠다고 생각하는 580개 잠재고객을 확보했고, 더불어 또 다른 신규기업들이 생겨나고 있다.

좀 더 구체적으로 『스마트상점/리테일엑스포』가 내년에 두 배로 성장이 가능하다는 주장의 근거는 무엇일까? 만족도가 높은 전시회의 재참가율은 보통 60%가 넘는다. 보수적으로 봤을 때도 50% 정도 수준이다. 이를 계산하면 21년 참가기업 70개의 절반인 35개 기업은 내년에 다시 참가한다고 볼 수 있다.

다음은 B등급 기업이다. FMS의 참가기업 DB 중 B등급(검토 중) 기업의 전시회 참가율은 평균 5~10%이다. 조심스럽게 예측해도 잠재고객인 B등급 580개 사의 5%, 29개 업체가 내년에 참가한다는 뜻이다.

21년에는 등급이 없는 신규기업 2,151개를 영업해서 70개를 유치했다. 성공률은 3.25%다. 이를 근거로 역산하면 76개 기업을 유치하기 위해 2,412개 신규기업을 영업하면 된다.

물론 전시회 준비 과정에서 발생할 수 있는 변수는 일일이 열거할 수 없을 정도로 다양하다. 그만큼 우리의 예측이 들어맞지 않을 가능성이 크다. 그러나 중요한 것은 막연하게 '열심히' 최선을 다하겠다는 식의 의욕만으로는 목표에 다가가기 힘들다는 사실이다. 대신 우리들은 FMS를 통해 확보한 데이터에 근거해 목표를 설정한 뒤 그 목표를 이루기 위해 노력한다.

설령 전년도의 두 배라는 목표를 달성하지 못하더라도 아무도 탓하지 않는다. 객관적인 근거로 목표를 설정하고 그 목표에 도달하기 위해 충분히 노력하면 된다. 우리는 이미 두 배에 근접하는 실적과 또 그만큼의 잠재고객, 그리고 새로운 DB를 얻었다. 이처럼 메쎄이상 FMS의 경쟁력은 '열심히'라는 레토릭(rhetoric)의 축적이 아니다. 목표를 향한 '데이터의 축적'이다.

● 우리들이 일상이 된 FMS

#Scene NO.1

이른 아침부터 외근을 나와 업체와 미팅을 하고 있는 K 팀장의 휴대 전화 진동이 울린다. 미팅 중이라 전화를 받지 않았지만 계속 전화가 걸려 온다. 급한 일인가 싶어 고객에게 양해를 구하고 전화를 받자 팀 원이 다급한 목소리로 묻는다.

"팀장님 어디 계세요? 사장님께서 찾으세요."
"왜? 무슨 일로 찾으시는데?"
"잘 모르겠습니다. 오늘 어디 갔냐고, 왜 안 보이느냐고 물어보시는데요?"

어제 분명히 팀원들에게 아침에 바로 업체 미팅을 간다고 말했지 만 전달이 되지 않은 모양이다. 화를 낼 수도 없어 우선 미팅 중임을 전해달라고 한 뒤 팀장은 다시 미팅을 시작한다. 하지만 미팅이 계속 되는 내내 기분이 찜찜했다. 바로 외근을 나왔는데 혹시 지각했다고 오해하나 싶기도 했다. 하지만 남 탓을 할 수는 없다. K 팀장 스스로 FMS 일정 등록에 '외근 직출'이라고 등록하지 않아서 생긴 일이기 때 문이다.

#Scene NO.2

레저산업팀 L 매니저 역시 출근하자마자 FMS에 접속해 가장 먼저

'현황판'으로 들어간다. 내비게이션 역할을 하는 이 현황판을 통해 자신에게 배분된 업체와 접촉해야 할 영업대상을 확인한 뒤 하루의 일정을 짠다.

그 다음엔 '일정공유' 메뉴로 들어가 다른 팀원들의 일정을 확인한다. 팀장은 지방 출장이고 선배인 C 책임매니저는 내근을 하면서 제안서 작성과 캠핑업체 섭외 영업을 한다. 뒤이어 L 매니저는 자신의 일정을 등록한다. 이렇게 레저산업팀 직원 모두가 서로의 일정을 정확히 파악할 수 있다.

L 매니저는 오늘 외근이 있다. 경쟁사 주최 전시회에 방문해서 현장에서 업체들과 미팅을 할 예정이다. 외근을 나가기 전, L 매니저는 잠시 후 만날 업체들을 미리 조사한다. 먼저 FMS에 있는 과거 기록을 확인하고, 어제 다른 팀원들이 올린 FMS 내용도 빠트리지 않고 확인한다. 외근을 나가기 전, 짧게 팀 회의에 참여한 L 매니저는 힘차게 킨텍스로 향했다.

킨텍스에 열린 캠핑전시회에 도착하자 코로나19에도 불구하고 많은 업체들이 참가하고 있었다. 그는 휴대전화를 열어 모바일 FMS로 참가업체를 하나하나 검색해 그 회사들의 과거 영업이력을 확인했다. 이어 해당업체를 방문해 메쎄이상 캠핑박람회의 경쟁력을 설명하며 참가를 제안했다. 더불어 주고받은 대화내용을 실시간으로 모바일 FMS에 등록한다. 사무실로 복귀한 L 매니저는 팀장과 책임매니저가 등록한 FMS 내용을 확인한 뒤 내일 해야 할 일정을 다시 수립한다.

● 즐거운 '칼퇴'를 도와주는 FMS

"이번 경쟁사 전시회는 문제가 아주 많은 것 같습니다. 하루 종일 전시장을 돌아다니면서 여러 업체 사장님들과 만나서 얘기를 했는데, 손님도 별로 없고 구매력도 안 좋아 전시회에 대한 전반적인 평가가 매우 좋지 않은 편입니다. 대신 우리 전시회에 대한 기대는 아주 좋아 보입니다. 아마 다음 우리 전시회에는 신청을 많이 할 것 같습니다."

다른 회사 전시회로 현장영업을 다녀온 직원이 이렇게 보고한다면 몇 점을 줄 수 있을까? 메쎄이상에서는 빵점이다. 이런 식의 보고는 보고가 아니다. 구체성이 전혀 없고 숫자도 없다. 판단의 근거도 전혀 없다. 무슨 문제가 있는지, 구체적으로 만난 업체 담당자는 누구인지, 몇 개 업체를 만났는지, 평가가 좋지 않은 이유와 우리 전시회를 기대하는 근거를 구체적으로 제시해야 보고라고 할 수 있다.

벙벙한 내용으로는 FMS에 보고서를 작성할 수 없다. 업체명, 담당자, 등급, 부스 규모 등 구체적인 내용을 기재하지 않으면 FMS에서는 보고서 작성 자체가 불가능하다. 이처럼 FMS는 데이터를 축적하는 시스템이지 감성을 누적하는 저장공간이 아니다.

간혹 기획이나 제안 등 모든 영업활동을 FMS에 기록해야 하기 때문에 업무긴장이 너무 높아진다고 말하기도 한다. 일면 맞는 말이다. 하지만 우리들은 오히려 그 반대라고 생각한다. FMS를 활용하면 '일을 잘하네 못하네, 열심히 하네 안 하네' 구질구질 길게 설명할 필요가 없다. 그냥 열심히 하기만 하면 된다. FMS는 일은 하지 않고 입으로 때우는 사람에게는 너무 가혹한 시스템이지만 열심히 하는 사람에게는 공명정대한 시스템이다.

자꾸 숨으려고 하는 사람에게는 숨을 곳이 없다. 반면 열심히 하는 사람은 돋보이려고 따로 노력하지 않아도 된다. 팀장과 사이가 나빠 평가를 걱정할 필요도 없다. 내가 한 일을 담백하게 적기만 하면 된다. 성과로만 평가받기 때문이다. 팀장뿐만이 아니라 본부장과 임원, 대표이사까지 모두 FMS를 보고 있다. 데이터를 남기지 않는 사람들에겐 FMS가 업무 '긴장'이지만, 데이터를 충실히 기록하는 사람에겐 '칼퇴'를 할 수 있는 '완장'이 된다.

● 　전시산업의 세 가지 필수 데이터

참가기업 정보, 바이어 정보, 산업 트렌드 분석용 데이터. 이 세 가지는 전시사업에 반드시 필요한 데이터들이다.

먼저 참가기업에 대한 데이터는 전시회 구성과 직결된다. 전시회를 기획하고 영업하는 직원은 국내외 관련 기업들을 조사해 DB를 만든 뒤 기업 한 곳 한 곳 접촉하며 전시회 참가를 제안한다. 이것이 성공하면 전시회 출품 지원, 바이어 매칭 등의 이후 프로세스를 진행한다. 이때 가장 중요한 것은 주최사가 유효 영업대상 기업 DB를 어느 정도 확보하고 있느냐이다. 이것이 곧바로 전시회의 성패를 좌우하기 때문이다.

관련 없는 기업에 막무가내로 연락한다고 전시회에 참여하지 않는다. 선보이고자 하는 산업의 제품, 기술, 트렌드를 제시하고 바이어가 만족할 수 있는 전시회를 구성해야 한다. 만약 그 기업의 의사결정권자, 마케팅전략, 유효 바이어까지 이미 파악하고 있다면 영업 기간은 크게 줄어든다. 이처럼 기업에 대한 정확한 정보 축적은 전시 기획과 영업에 필수이다.

● 우리의 급성장 비책
   '바이어 데이터'

참가기업 데이터 다음으로 중요한 것이 바이어 데이터이다. 어떤 면에서 보면 전시회 성공을 지속하려면 참가기업 데이터보다 바이어 데이터가 더 중요하다. 전시산업의 핵심 데이터가 바이어 데이터라고 해도 과언이 아니다.

전시회는 일단 참관객이 많으면 절반은 성공한 셈이다. 참관객이 많다는 것은 그만큼 산업에 대한 관심도가 높고 볼거리도 풍부하다는 것을 의미한다. 그러나 단순 참관객 수치보다 더 중요한 것이 있다. 바로 참가기업이 만족하는 유효 바이어 숫자, 비즈니스 상담 건수, 거래 성사 규모 등 전시회의 실질적 성과이다. 바이어의 방문수치는 전시회의 흥행여부를 판단하는 척도다. 그리고 이와 같은 바이어 방문이란 실질적 성과를 거두기 위해선 참관객 DB에 대한 정확한 분석이 밑

바탕이 되어야 함은 물론이다.

일반적으로 빅데이터는 세 가지 요건을 충족해야 한다. 데이터의 크기(Volume), 다양성(Variety), 속도(Velocity). 이 세 가지 요건에 비추어 볼 때 매년 우리가 확보하는 참관객 데이터를 빅데이터라고 할 수 있을까? 쉽지 않다. 먼저 크기부터 볼품없이 작다. 검색엔진이나 포털 사이트에는 하루에만 수억 건의 이벤트가 발생한다. 데이터가 쌓이는 속도나 다양성 측면에서도 우리 회사 데이터와는 비교할 수 없을 정도다.

그러나 분석 목적이란 관점에서 볼 때 빅데이터의 정의는 조금 달라진다. 빅데이터가 볼륨, 속도, 다양성을 세 가지 요건으로 하는 이유는 데이터를 분석해서 새로운 '가치(Value)'를 창출하기 위함이다. 데이터는 그 자체가 목적이 아니다. 분석을 통해 '인사이트'를 발견하고, 그 인사이트를 기반으로 새로운 가치를 창출하는 것이 빅데이터 분석의 진짜 목적이다. 그리고 이 가치라는 시각으로 볼 때 메쎄이상의 데이터는 빅데이터에 가까워진다.

FMS에 수집되는 참관객 데이터는 순도가 매우 높다. 양은 많지만 어중이떠중이 여러 잡탕의 집합이 아니다. 전시회 참관을 위해 여러 온라인 경로를 거쳐 관람 의사를 표시하고, 관심분야와 품목을 공개하고, 특정 목적을 위해 전시장에 기꺼이 방문한 사람들의 데이터이다. 분석을 통해 새로운 가치를 창출할 수 있는 데이터인가 하는 기준으로 볼 때 우리의 참관객 데이터는 충분한 가치를 갖고 있다.

FMS에 쌓이는 참관객 데이터는 성별, 연령, 지역, 직업, 관심품목

등의 기본정보 이외에 전시장 관람과 관련한 다양한 추가정보를 포함하고 있다. 온라인에서 사전 등록한 유입경로, 전시회 방문이력, 전시장 체류시간, 방문부스, 관심품목, 쿠폰사용 이력, 구매이력, 카탈로그 다운로드 기록 등 온라인으로 수집할 수 없는 고유정보까지 포함된다. 그리고 이것이 바로 우리가 연간 60회 이상 전시회를 개최할 수 있는 힘의 원천이다.

"왜 이렇게 많은 전시회를 하느냐?"
"가뜩이나 전시장이 많은데 전시장까지 직접 만들어 전시회를 양적으로 확장하는 이유가 무엇이냐?"

우리들이 자주 받는 질문이다. 답은 간단하다. 바로 데이터 때문이다. 우리 회사에는 1년에 한 번 밖에 열 수 없는 산업전시회도 많이 있다. 이런 경우가 아니라면 전시회 개수가 많아질수록 참관객 데이터 역시 계속 늘어난다. 또한 전시회는 어쩔 수 없는 오프라인 기반 산업이다. 아무리 관심이 많다고 해도 멀리 떨어진 곳에서 열리는 전시회를 방문하기는 어렵다. 『케이펫페어』 광팬들 중에는 제주도에서 비행기를 타고 오는 사람들도 있지만 이런 사람들은 극소수이다. 그렇다면 이들을 위해 제주도에서 전시회를 여는 것이 마땅하다. 이런 구조 속에서 전시회 개수도 늘어나고, 그에 따라 참관객 데이터도 늘어난다.

전시회의 양적 확대에 따라 축적된 데이터는 호환성이 강하다. 실례를 들어 『케이펫페어』 참관객의 80%는 25~35세 여성이다. 이들은 당연히 추후 『베이비페어』의 잠재고객이다. 또한 리빙앤라이프, 인테리어디자인, 핸드아티, 일러스트페어 등 또 다른 전시회와도 밀접하게 관련된다.

물론 한 번 하던 전시를 두 번으로 횟수만 늘린다고 해서 매출이 두 배로 성장하지는 않는다. 하지만 고객과의 접점을 넓히고 매출을 증대할 수는 있다. 요컨대 우리들이 전시회를 양적으로 늘리는 가장 중요한 이유는 전시산업을 데이터산업으로 이해하기 때문이다.

●   예리한 트렌드 분석으로
      전시회를 튜닝하다

참가기업 정보와 바이어 정보에 이어 전시사업에 반드시 필요한 세 번째 데이터는 산업 트렌드에 대한 분석이다. 이는 전시기획이란 측면에서 매우 중요한 의미를 갖는다. 산업 트렌드를 알아야 바이어의 취향에 맞춰 전시회를 변화시킬 수 있기 때문이다. 우리들은 이 산업 트렌드를 면밀히 분석함으로써 멋진 성과를 이뤄냈다.

먼저 메타버스라는 새로운 트렌드를 빨리 찾아냈던 경험이다. 우리 회사는 2018년부터 매년 봄 코엑스에서 『서울 VR/AR 엑스포』를 열고 있다. 이 전시회는 성장 가능성이 높은 전시회로 인정받아 한국건기산업진흥회이 전략전시회 지원사업 대상으로 선정되었고 국가지

원금을 3년 연속 받기도 했다.

하지만 수익 측면에서『서울 VR/AR 엑스포』는 고전을 면치 못했다. 처음 시작할 때는 아직 VR 관련 산업이 두드러진 성장을 하기 전이었는데도 정부가 직접 주관하는 무료전시회가 많았기 때문에 민간기업이 끌고 가기에는 역부족이었다.

그러나 2021년 초부터 희망이 보이기 시작했다. '메타버스'라는 키워드가 폭발적으로 늘어났다. VR이라는 키워드는 변화가 없었지만 이를 포괄할 수 있는 '메타버스'라는 새로운 키워드가 생겨난 것이다. 우리는 포털 사이트에서 '메타버스'라는 검색횟수를 확인함으로써 시장 트렌드가 VR/AR에서 메타버스로 옮겨가는 현상을 빠르게 포착했

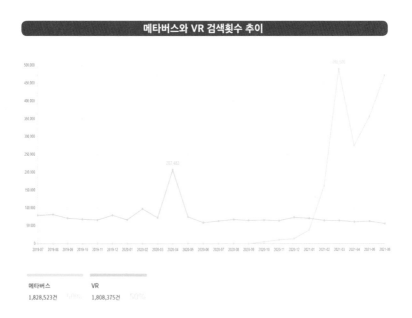

메타버스와 VR 검색횟수 추이

메타버스	VR
1,828,523건	1,808,375건

다. 이에 따라 우리는 전시회 타이틀을 『메타버스 엑스포』로 과감하게 변경했다.

전시회는 산업의 트렌드와 시장의 니즈를 미리 반영해야 생존할 수 있다. 만약 우리가 『서울 VR/AR 엑스포』라는 이름을 홍보한 4년이라는 시간이 아까워 전시회 명칭을 고수한다면 어떤 결과가 나올까? 아마 '고집'과 함께 사라질 가능성이 높을 것이다. 그 대신 우리는 메타버스라는 키워드를 날개 삼아 다시 한번 높은 비상을 준비하고 있다.

검색량 변화를 잘 분석하고 예측해 콘셉트를 바꿔 전시회에 성공했던 경험도 있다. 바로 캠핑박람회 『고카프』이다.

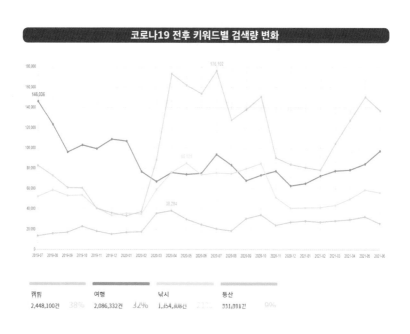

캠핑	여행	낚시	등산
2,448,100건 38%	2,086,332건 32%	1,354,308건 21%	531,991건 9%

검색량으로 확인된 캠핑족의 성향 변화

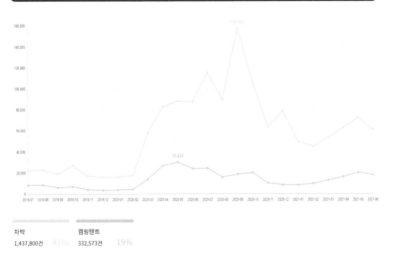

차박
1,437,800건 81%

캠핑텐트
332,573건 19%

사실 『고카프』는 몇 년 전까지 유지 여부를 심각하게 고민할 정도로 힘든 전시회였다. 킨텍스에서 연 1회 여는 전시회였지만 규모와 수익 모두 평균 이하였다. 그러나 코로나19라는 특수상황에서 우리 회사는 이 전시회의 규모를 계속 확대하고 있다. 2021년에만 모두 다섯 번의 전시회를 열었고 이 중에서 두 번은 킨텍스에서 개최했다. 이런 과감한 확장을 결정할 수 있었던 것도 바로 산업 트렌드 분석의 힘이다.

코로나19 이후 '여행'이란 단어의 검색량은 절반 이하로 떨어졌다. 반면 상대적으로 검색량이 가장 많이 늘어난 키워드는 '캠핑'이었다. 코로나19로 손발이 묶인 소비자가 여행의 대체재로 낚시나 등산보다 캠핑을 선택하고 있다는 의미였다. 우리는 이 트렌드 변화에 주목했다.

이에 따라 『고카프』의 횟수를 과감하게 연 5회로 늘렸다. 전시회

2021년 하반기 킨텍스에서 열린 캠핑박람회 『고카프』

2021년 수원메쎄에서 열린 캠핑전시회 『고카프』의 치박특별전

준비에는 보통 1년 정도의 기간이 필요하다. 전년도에 임차할 전시장을 확보해야 하기 때문이다. 그러나 우리는 달랐다. 확대 개최를 결정한 직후 곧바로 전시장을 임차했다. 코로나19로 다른 전시회들은 취소가 잇따랐기 때문에 전시장은 두 손을 들어 환영했다. 다들 취소만 하는데 메쎄이상은 거꾸로 전시회를 확대한다며 반색했다.

트렌드 분석은 적중했다. 『고카프』는 회가 거듭될수록 성황을 이뤘다. 특히 전시장 규모를 두 배나 늘려 2021년 하반기 킨텍스에서 개최했을 때는 3일 동안 1만㎡ 규모의 전시회에 4만 명이 넘는 관람객이 방문해 인산인해를 이뤘다.

특히 여행 수요를 대체하는 캠핑족의 성향이 바뀌고 있었다. 많은 장비를 준비해야 하는 '오토캠핑'이나 텐트를 치는 방식보다 간단하게 즐기는 '차박'을 선호하는 추세로 변화한 것이다. 포털사이트에서도 '차박'이라는 키워드가 폭발하고 있었다. 이에 따라 우리는 『고카프』의 콘셉트를 다시 '차박'으로 특화했고 그 전략은 적중했다. 전에는 대상기업이 아니었던 자동차 회사들이 각 전시장마다 열심히 출품했다. 렉서스(Lexus)와 지프(Jeep) 같은 해외 자동차 회사들도 자사 RV 차량을 '차박'하기 좋은 최고 모델로 홍보했다.

- **산업 트렌드 분석을 위한 비밀병기,**
  ES TREND

사람들은 검색창 앞에서 가장 솔직해진다. 다른 사람을 의식하지 않고 궁금하고 관심 있는 것들을 검색창에 솔직하게 입력한다. 우리들은 이 검색이라는 행동의 패턴을 통해 사람들의 마음이 어디로 흘러가는지 파악하고, 그 흐름을 트렌드라 부른다.

우리들이 메타버스와 차박처럼 트렌드에 적중하는 전시회를 기획할 수 있는 힘은 ES Trend에서 비롯된다. ES Trend는 메쎄이상이 만든 산업 트렌드 예측 모델이다. 직원들이 FMS에 등록한 내부 데이터와 고객 데이터, 거기에 포털 사이트와 공공기관을 통해 공개되는 외부 데이터를 수집하고 분석해 산업 트렌드를 예측할 수 있는 모델을 만들었다. 이 시스템을 활용하면 실시간으로 포털 사이트의 단어별 검색량 추이와 '핫(hot)'한 키워드를 바로 찾을 수 있다.

트렌드 분석의 기본은 키워드 분석이다. 키워드의 일별, 월별 조회량을 비교해 고객의 관심도를 정량화한다. 또한 이렇게 분석한 키워드의 연관성, 추천 키워드, 유사 키워드까지 한번에 수집해 파생 키워드까지 손쉽게 발굴한다. 나아가 분석 키워드의 콘텐츠까지 접근해서 고객이 어떤 콘텐츠에 도달하는지 상세하게 들여다 본다.

한편, 양질의 콘텐츠 생산은 메쎄이상 전시마케팅 담당자의 주요 업무 중 하나이다. 하지만 콘텐츠는 자판기처럼 누르면 툭 하고 나오지 않는다. 매일 영감을 쌓고 아이디어를 축적하는 훈련을 반복해야 콘텐

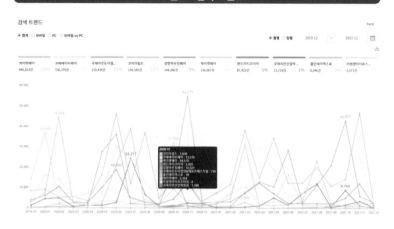

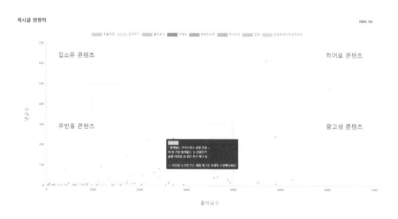

츠를 낳을 수 있다. 이를 위해 우리는 마케팅 담당자가 타사의 콘텐츠
를 쉽고 빠르게 모니터링할 수 있도록 '소셜 트렌드' 모델도 개발했다.

물론 남의 것을 많이 보는 일은 기본이다. 먼저 전시 담당자는 유튜브, 인스타그램, 페이스북 같은 SNS 채널에서 각자 모니터링하고자 하는 페이지를 등록하기만 하면 된다. 그러면 소셜 트렌드 시스템이 각 페이지에 게시된 콘텐츠 본문은 물론 콘텐츠별 좋아요 수, 공감 수, 조회 수, 댓글 등 고객 반응 지표를 한번에 끌어와 콘텐츠의 성과 평가까지 끝낸다. 이를 통해 담당자는 새로운 영감과 아이디어를 획득할 뿐만 아니라 더 효과적이고, 효율적인 콘텐츠를 발굴한다.

우리는 ES Trend를 통해 과거 데이터를 기반으로 현재를 진단하고 미래 트렌드를 예측한다. 그리고 그 과정에서 자신만의 경험, 느낌, 막연한 생각으로 업무를 지시하는 대신 데이터에 근거해 빠르고 합리적인 의사결정을 이뤄낸다.

●   전시기획자는 Data Scientist

'데이터 사이언스(Data Science)'는 과학적 방법론, 프로세스, 알고리즘, 시스템 등을 동원해 정형 또는 비정형 데이터로부터 지식과 인사이트를 추출하는 분야를 말한다. 데이터 사이언스라는 새로운 분야에 종사하는 직업군은 크게 데이터 엔지니어와 데이터 애널리스트로 구분한다. 보통 수학, 통계학, 컴퓨터공학 등을 전공한 사람들이 많다.

이 데이터 사이언스는 전시산업을 데이터 산업이라고 철석같이 믿고 있는 우리들에게 반드시 필요하다. 그렇다면 메쎄이상에는 수학, 통계학, 컴퓨터공학 전공자들이 많이 있을까? 결론부터 말하자면 그렇지 않다. 전시산업의 문을 두드리는 인재 중에는 관광경영, 호텔관광 등 MICE 산업 관련 전공자들이 많다. 또한 인문, 예술, 사회과학 등 '문과라서 죄송하다'는 이른바 '문송한' 사람들이 대부분이다.

실제로 메쎄이상에는 IT를 담당하는 정보전략실을 제외하고는 신입부터 사장까지 전시기획자 중 수학, 통계학, 컴퓨터공학 등을 전공한 사람은 한 명도 없다. 그런데 우리는 어떻게 데이터 사이언스를 통해 데이터에 기반한 전시회를 기획해 성공을 거두고 있을까?

데이터를 직접 다루는 것과 데이터 기반의 전시회를 기획하는 것은 차원이 다른 문제다. 전시기획자는 인문학적 상상력만으로도 충분히 데이터에 근거한 전시회를 기획할 수 있다. 데이터는 그 자체로 의미가 있는 것이 아니다. 필요한 데이터를 수집하고 분석한 뒤 인사이트를 얻어내 이를 재료로 새로운 가치를 만들어 내는 것이 데이터의 궁극적 목적이다.

'수집 – 분석 – 인사이트 도출 – 가치창출'이라는 데이터의 가치화를 위한 4단계 프로세스에는 실제로 두 가지의 절차가 더 필요하다. 데이터에 어떤 가치가 있는지를 분석하기 위해서는 질문하는 과정 즉 '가설의 수립'이 선행되고, 새로운 가치를 창출하기 위한 검증(실행) 과정도 개입된다. 즉, '가설수립 → 데이터 수집 → 데이터 분석→ 인사이트 → 실행(검증) → 가치창출'이라는 과정을 거치게 된다.

표현은 거창하지만 가설은 사실 우리의 머리 속에 늘 맴도는 질문들이다. '요즘 캠핑을 많이 가던데 캠핑 전시를 확장하면 어떨까? 학생들이 크리스마스보다 핼러윈 데이를 더 기다린다고 하는데 '핼러윈 페어'가 가능할까?' 이런 질문들이 바로 가설이다.

FMS의 ES Trend는 구성원들의 가설을 데이터로 검증할 수 있도록 도와주는 시스템이다. 외부에서 따로 정보를 수집하고 분석하는 번거로운 절차를 줄여 직원들이 좀 더 쉽게 데이터에 기반한 분석과 기획을 할 수 있도록 도와주는 장치다. '문송한' 사람들의 인문학적 상상력과 IT 전문가들이 만든 치밀한 데이터 분석 도구로 우리들은 오늘도 빠르고 정확하게 산업 트렌드를 분석하고, 이를 바탕으로 시장이 요구하는 전시회를 기획하고 있다.

문과 출신의 전시기획자들이 빅데이터에 기반한 전시회를 발전시키는 데 핵심역할을 하고 있다. 어디 출신인지, 무슨 전공을 했는지가 중요한 것이 아니라 최신 트렌드에 대해 끊임없이 재교육을 게을리 하지 않는 태도가 중요한 것이다. 살면서 끊임없이 신문물에 대해 공부하는 자세인 'Live - long learning'이 가장 필요한 덕목이다.

남다른 문화

엉뚱한 선택, 신기한 궁합

인수합병은 성장을 위한 좋은 전략 중 하나다. 해마다 많은 기업들이 인수합병을 한다. 신규 사업으로 빠르게 진출하고자 할 때, 경쟁자보다 한발 앞서 현재 사업을 확장하려 할 때 인수합병보다 유용한 전략은 별로 없다.

우리 회사도 마찬가지다. 인수합병으로 전시사업에 뛰어들었고 인수합병으로 성장했다. 그렇다고 인수합병이 항상 성공하는 것은 아니다. 인수합병으로 성공했다는 전설 뒤로는 잘못된 인수합병으로 회사를 망친 이야기도 들린다. 인수합병 역시 어렵다는 이야기다. 어렵다는 인수합병 과정을 우리는 어떻게 극복했을까?

인수합병은 재혼가정을 꾸리는 것과 비슷하다. 인수합병은 오랫동안 서로 다른 문화에서 생활한 두 가족이 한 살림을 시작하는 것과 똑같다. 그렇기 때문에 인수합병에 성공하려면 치밀한 분석과 충분한 검토, 또한 세심한 관심이 필요하다.

● 고달픈 한 지붕 두 가족

인수합병의 성공을 위해 가장 중요한 것은 무엇일까? 따로 살던 두 식구가 진정한 한 가족이 되려면 반드시 넘어야 할 높은 산은 뭘까? 단언컨대 사람이다. 모든 인수합병의 성패는 사람과 사람으로 이뤄진 조직의 문제로 귀결된다. 설비나 판매망 통합 같은 것은 걱정할 깜냥도 되지 않는다. 검토만 열심히 하면 성공할 수 있다. 그러나 조직의 통합, 사람의 융합을 이끌어 내려면 매우 고된 과정을 거쳐야 한다.

우리 회사처럼 인수합병을 최고의 성장전략으로 여기는 회사에게 조직 문제를 해결하는 힘은 핵심 중의 핵심역량이라 할 수 있다. 이를 확보하지 못하면 인수합병이 만들어 내는 거친 파고를 넘어설 수 없다.

첫 인수합병 이후 우리 회사 역시 사람 문제를 잘 풀지 못했지만, 시행착오를 거치면서 조금씩 조금씩 나아졌다. 물론 아직도 실패를 통해 배우는 교훈이 많다. 숱한 실패를 통해 지금까지 내린 결론이 하나 있다면, 인수합병이 이뤄진 다음에는 '일' 중심으로 '사람'을 관리하는 것이 최고의 방법이라는 사실이다.

2007년 11월 『경향하우징페어』 인수 이후 15년 동안 우리들은 『코베베이비페어』, 『고카프』, 『대한민국화학대전』, 『케이팜』, 『핸드아티코리아』 등 여러 전시회를 인수했다. 이로써 서로 다른 문화와 환경에서 일하던 사람들이 하나의 울타리 안에 모였다. 모두가 메쎄이상 가족이 된 것이다. 그렇지만 각양각색의 사람들을 한 살림으로 모아 조직을 원 팀(one team)으로 운영하는 일은 여간 힘들지 않았다.

합병으로 합류한 직원들은 조그마한 실수에도 홀대를 받는다고 난리였다. 특정인을 지목하며 이 직원이 퇴사하지 않으면 자기가 나갈 수밖에 없다고 겁박하기도 했다. 굶어 죽더라도 여기는 못 있겠다며 떠난 직원도 있고, 인수합병이 되자마자 기다렸다는 듯 경쟁사로 옮긴 직원도 있었다.

『경향하우징페어』 인수 당시 모두 7명의 직원이 우리 회사로 왔다. 이후 정확히 3년이 지나자 이 중 딱 한 명만 남았다. 그 한 명은 현재 융합산업 전시를 맡고 있는 K 팀장이다. 사실 회사 입장에서는 기존 직원보다 새로 합류한 직원들에게 물심양면으로 더 정성을 쏟았다. 기존 직원들이 역차별이라는 불만을 토로할 정도였다.

그러나 결과는 싸늘했다. 그들은 어쨌든 피합병된 회사의 직원일 뿐이라고 생각하는 것 같았다. 주인이 아니라는 생각, 더부살이를 시작한 천덕꾸러기라는 의식이 강했다.

새롭게 합류한 전시팀과 기존 전자상거래팀은 분위기부터 물과 기름이었다.

'전자상거래팀에서 피자를 시켜먹었는데 바로 옆에 있는 우리한테는 한 조각 먹어보라고 권하지도 않더라. 이게 한 식구이고 한 회사 직원이냐?' 전시팀 직원은 자신이 느낀 감정을 전하며 울분을 토했다.

"냄새조차 싫은 건지 인상을 잔뜩 찌푸리고 있는데 어떻게 피자를 먹어보라는 말을 걸어요?"

전자상거래팀 직원의 대답이었다. 틀린 말은 아니었다.

하지만 우리는 포기하지 않았다. 어떻게든 물리적으로만 붙은 (attached) 상태를 화학적 결합(blended)으로 발전시키기 위해 노력했다. 직원들끼리 교류할 수 있도록 어색한 주선을 반복했고, 바쁜 시간을 쪼개 워크숍을 떠났고, 파김치처럼 처진 몸을 이끌고 심야까지 회식을 감행했다. 하나의 문화, 하나의 팀으로 거듭나기 위해 수없이 노력했다. 하지만 변한 건 없었다. 여전히 새로 합류한 직원들은 소소한 일에도 소외감을 느꼈고, 기존 직원들은 우리가 뭘 잘못했느냐며 억울해 했다.

●   조직의 중심은 일!

너무 힘들었다. 동시에 억지로 섞여 화합하자고 구호를 외친다고 원팀이 되는 것이 아니라는 것을 깨달았다.

"이제부터 지난 일들은 모두 잊고 내일부터 하나로 뭉쳐 함께 열심히 해 봅시다"

삼겹살이나 활어회를 앞에 놓고 크게 외친 '위하여' 함성만 해도 수십 번은 되었을 것이다. 그러나 다음날 아침이면 어김없이 전날보다 더 서먹하고 불편한 사이로 돌아왔다.

기나긴 평행선을 달린 끝에 내린 결론은 그냥 '일'에 집중하는 것이었다. 인위적으로 사람을 엮으려 하지 않고 '일'로써 대화하고 '일'로써 회의했다. 아주 디테일한 작은 업무들이 모여 '일'이 되고, 그 '일'들이 모여 회사가 된다. 그리고 이 '일'이 되어야 회사가 굴러간다. 회사는 그런 곳이다. 그 일에 시선을 고정했다.

억지춘향 같은 강제적인 화합의 장은 뒤로 미루고 일을 중심으로 인원관리를 했다. 그때그때마다 중요한 일, 급한 일부터 처리해 나갔다. 일의 당사자들끼리 조금 불편한 관계여도 개의치 않았다. 서로 불만이 있는 사이라도 신경 쓰지 않았다. 오로지 '일' 중심으로 조직을 운영했다.

그러자 서서히 변화의 조짐이 일었다. 일로 얽히고설키다 보니 조금씩 하나가 되어 갔다. 티격태격 다투는 일도 있었고, 옥신각신 싸움이 커지기도 했다. 급기야 증폭된 갈등 끝에 퇴사하는 직원까지 있었다. 하지만 그럼에도 불구하고 우리들은 계속해서 '일' 중심의 인적자원관리를 고수했다.

어떤 직원이 누구와는 잘 지내고 누구와는 사이가 좋지 않다는 얘기가 들려와도 한 귀로 듣고 한 귀로 흘려보냈다. 대신 새로 인수한 전시회의 직원들의 전문성을 인정하는 일에 에너지를 집중했다. 전문성에 근거해 일과 관련된 그들의 말을 경청했고, 기존 직원들도 그들의 일을 존중하도록 독려했다.

리더를 세울 때도 '일'에서 초점이 벗어나지 않도록 더욱 주의를 기울였다. 우선 피합병회사 출신을 실무직원으로 쓰고 합병회사 출신을 팀장으로 쓰는 일반적 방식을 택하지 않았다. 팀장처럼 책임 있는 자리에 기존 직원만을 고집하지 않았다. 거꾸로 그 자리에 인수회사 직원을 일부러 앉히지도 않았다. 최대한 능력을 기준으로 자리를 부여했다. 일이 우선이었기 때문이다. 이처럼 '일' 중심으로 조직을 운영하다 보니 서서히 화학적 결합이 시작되었다. 다른 게 아닌 '일'을 통해 융합이 일어나고 있었다.

"이상과 함께하니 좋기는 한데, 우리보다 스펙이 좋은 이상직원들의 텃새가 심할 것 같아 걱정입니다."

2014년 인수 당시, 『코베베이비페어』 몇몇 직원이 한 임원에게 솔직한 속내를 드러냈다. 작은 회사가 큰 회사에 인수되는 상황에서 생길 수 있는 당연한 기대감과 불안감이었다. 그러나 이렇게 말했던 직원 중 한 명은 인수 후 1년 만에 팀장으로 승진했다. 또한 인수 당시 이사였던 임원을 곧바로 부사장으로, 얼마 후 대표이사로 승진시켰다. 조직을 일 중심으로 운영하며 능력을 기준으로 인재를 등용한 결과였다.

'공을 보지 말고 사람을 봐라.' 축구를 어느 정도 해본 사람이면 잘 아는 이야기다. 사람을 놓치지 말아야 실점 위기를 막을 수 있다는 뜻이다. 반대로 인수합병에 성공하려면 사람이 아닌 일에 집중해야 한다. 일로 얘기하고, 일로 풀어가고, 일로 뭉치는 조직은 인수합병에 성공할 수 있다. 이 진리를 깨달아 실천할 수 있는 힘이야말로 우리 회사가 현재 갖추고 있는 여러 잠재력 중에서도 최고의 역량이다.

●   '3무(無)'의 인사원칙

기업들은 저마다 인사원칙을 갖고 있다. 어떤 기업은 멋있는 명언에 기대어 인사원칙을 세우기도 한다.

"경영이란 인간에 관한 것이다. 경영의 과제는 사람들이 협력하여 일할 수 있도록 만드는 것이고, 사람들이 자신의 장점을 살리고 단점은 방해되지 않도록 만드는 것이다."

피터 드러커(Peter F. Drucker)의 유명한 명언이다. 팀워크를 유독 중요시하는 회사들은 피터 드러커의 이 말을 활용한 인사원칙을 이야기하기도 한다. 그러나 메쎄이상의 인사원칙은 이렇게 매혹적이지 않다. 세련된 표현도 아니다. 우리들의 인사원칙은 철저하게 생존을 위해서 만든 '룰'에 가깝다. '삼무원칙(三無原則)'이 그중 하나이다. 메쎄이상의 인사에는 세 가지가 없다.

첫째, 우리 회사엔 성차별이 없다. 우선 우리 회사는 임직원의 여성 비율이 높다. 많이 나아졌지만 아직까지 우리나라에선 아무리 똑똑해도 여성에겐 남성보다 적은 기회가 주어지는 것이 현실이다. 우리는 이를 거꾸로 이용해 여성에게 더 많은 기회를 주고 있다. 능력 있는 여성인력을 더 많이 채용하는 것이다. 역차별은 아니다. 여성을 많이 뽑으려고 의도하는 것이 아니라, 남성보다 능력 있는 여성들이 우리 회사에 많이 지원하기 때문에 여성들을 더 많이 채용한다.

서울 소재 명문여대를 졸업한 뒤 공무원 시험을 준비하다 30세가 넘어 우리 회사에 입사한 P 직원. 자신과 싸워가며 오랫동안 혼자 공부하던 P는 사람들이 모여 이뤄진 조직생활에 적응하는 일이 매우 힘들었다. 결국 수습기간 3개월이 끝나자 퇴사 의사를 밝혔다. 다시 공무원 시험을 준비하겠다고 했다. 팀장 역시 P 직원의 조직 적응에 문제가 있다고 말했다.

그러나 경영진은 고민 끝에 P 직원에게 다시 한번 도전해 보자고 권면했다. 오랫동안 혼자 공부했던 사람이 조직에서 자신의 역할을 찾는 데 3개월이란 시간은 짧다고 생각했기 때문이다. P 직원은 이 기회를 놓치지 않았다. 출발은 늦었지만 점점 가속도가 붙더니 이후 조직과 업무에 완전히 적응했다. 현재 P 직원은 다양한 전시 분야에서 종횡무진 활약하고 있다.

둘째, 우리 회사에는 학력 차별이 없다. 절대 가방끈 길이로 인재를 평가하지 않는다. 우리 회사에서 어느 대학을 졸업했는지는 중요하지 않다. 100명이 채 되지 않는 규모지만 우리들은 누가 어느 대학을 나왔는지 서로 잘 모른다. 대학을 나오지 않은 직원도 있다. 4년제 대학을 졸업했는지 전문대 출신인지 지방대를 나왔는지 외국 유학을 했는지도 관심이 없다. 인사 담당자조차 서류를 찾아봐야 알 수 있을 정도다. 업무를 게을리하는 것이 아니다. 지원자가 어느 대학을 나왔는지 중요하게 여기지 않기 때문이다.

고등학교나 전문대만 나온 인재들 모두가 일류대학을 나온 사람들보다 못한 것은 아니다. 새로운 지식에 대한 탐구심과 열정이 있다면 학벌은 하나도 중요하지 않다. 사회에서 필요한 지식은 학교에서 배운 지식과 다르기 때문이다.

전시산업에서는 더욱 그렇다. 전시를 잘하는 사람은 부지런하고 아이디어가 반짝반짝 빛나야 한다. 영업은 물론 기획과 마케팅까지 잘해야 한다. 전시기획자는 뭐든지 두루두루 잘하는 멀티플레이어여야 한다. 전시회사에는 한 개 분야에서 전문기술을 갖춘 사람보다 여러 방면에서 최선을 다할 수 있는 사람이 필요하다. 그래서 우리 회사는 절대로 학력 차별을 두지 않는다.

셋째 우리 회사에는 연령 차별이 없다. 나이가 많고 적음으로 사람을 판단하지 않는다. 최근 회계 컨설팅 분야가 각광받고 있다. 기존의 감사업무 외에 M&A, 기업평가, 내부회계관리까지 시장이 확대되고 있기 때문이다. 그런데 이 분야에서는 나이 어린 사람을 선호한다고 한다.

특히 이른바 4대 회계법인들은 모두 신입 회계사를 뽑을 때 어린 나이를 가장 중요한 기준으로 삼고 있다고 알려져 있다. 나이가 어려야 기존 직원들과 팀워크를 잘 맞추고, 강한 업무강도를 소화할 가능성이 높다는 것이다. 어느 정도 합리적인 추정이라고 본다.

그러나 나이가 적은 것이 자랑은 아니다. 거꾸로 나이가 많은 것도 부끄러운 것이 아니다. 하지만 살아오면서 잠깐의 시행착오로 고생을 많이 한 사람, 능력은 넘쳐흐르는데 사회생활 초기에 선택을 잘못해 출구를 못 찾는 사람도 많다. 이런 사람들은 출발은 늦었지만 열정과 투지가 가득하다. 우리 회사는 이런 사람들을 주목해 왔다.

우리들은 나이가 많든 적든 연령 자체는 계급장이 아니라고 확신한다. 나이가 어리다고 중요한 직책을 맡을 수 없는 것도 아니다. 나이가 많다고 해서 무조건 높은 직급을 맡아서도 안 된다. 나이를 떠나 현재의 능력과 미래의 잠재력을 정확히 판단하는 것, 이를 기초로 인재를 적재적소에 배치하고 활용하는 것이 가장 중요하다.

성차별이 없고, 학력차별이 없고, 나이차별이 없는 이것이 바로 우리 회사 인사관리의 3무원칙이다. 사실 우리들이 원칙을 먼저 정한 다음 그에 맞는 인재를 채용한 것은 아니다. 전시업계에서 중소기업을 운영하며 자연스럽게 터득한 생존본능이라고 보는 것이 맞다. 전시업이라는 정글에서 살아남기 위해 성별과 학력과 연령이란 굴레를 벗어나 능력과 근성에 집중한 결과이다.

●   리스크는 회사가 짊어진다

우리 회사 CFO인 김기배 부사장은 회사원을 두 가지 유형으로 나눌 수 있다고 주장한다. 비용(cost)인 직원과 자산(asset)인 직원. 김 부사장은 국내 굴지의 대기업에서 직장생활을 시작했다. 그 회사에서 신입사원 교육 때 들었던 말 중에서 그가 지금도 자주 인용하는 말이 있다.

'신입사원은 3년 동안 완벽한 비용이다. 3년을 잘 견디고 성실하게 성장해야 비용이 아닌 자산이 된다.'

김 부사장이 회상하는 신입 시절. 비용이라서 그렇게 한 것인지 무르겠지만 부서를 배정받고 6개월 동안 회사는 그에게 아무 일도 시키지 않았다고 한다. 무려 반년이 지나자 처음으로 일을 맡겼다. 문서정리였다. 교육기간까지 포함해서 9개월을 놀고먹었으니 문서정리를 얼마나 열심히 했겠는가? 이후 회사는 아주 작은 일부터 시켰다. 더불어 자신이 하는 일은 사수라고 부르는 선배직원이 꼼꼼하게 검토해 줬다. 처음에는 좋았다. 하지만 같은 구조가 계속되었다.

나도 선배만큼 잘할 수 있는데 왜 이런 하찮은 일만 시키냐며 불평하는 동기들도 있었다. 김 부사장 역시 이런 불평을 품지 않을 수 없었다. 그러자 선배 한 명이 조언을 해 줬다.

'신입은 일도 모르고 회사도 모른다. 따라서 중요한 일을 맡기려면 회사가 부담해야 할 리스크가 너무 크다. 회사나 개인 모두 천천히 가야 오래가지 않을까?'

대부분의 회사들은 이런 주장을 받아들인다. 대기업은 물론 중견기업이나 중소기업들도 비슷할 것이다. 그러나 우리 회사는 조금 다르다. 우리 회사는 신입사원에 대한 리스크를 기꺼이 짊어진다. 의사결정구조도 피라미드나 역피라미드 조직이 아니다. 철저한 수평조직을 지향한다. 신입이어도 선배와 자유롭고 공정하게 경쟁한다. 물론 쉽지 않은 결정이다. 믿고 맡기는 것이 능사는 아니기 때문이다. 직원들이 져야 할 리스크를 회사가 함께 부담하는 일은 살 떨리는 의사결정이다.

H 직원은 입사 직후부터 3년 정도 관리업무를 담당했다. 그러다 '땅콩 찾기'라는 사내 프로젝트로 만든 '이상리테일'이란 사내 벤처회

사에서 일했다. 이곳에서 H 직원은 식음료 유통사업부문을 담당했다. 하지만 아쉽게도 몇 년 후 이 회사는 사업을 접었고, H 직원은 전시부서로 배정되었다. 불과 3~4년 동안 연관성 없는 업무를 세 차례나 맡은 것이다.

본인에게 전혀 다른 분야에서 일하는 것이 쉽지 않았을 것이다. 그러나 회사 입장에서도 리스크를 안고 맡긴 것이었다. 담당했던 사업이 실패했지만 구조조정을 하지 않고 다시 새로운 일을 맡겼다.

전시를 시작한 지 얼마 지나지 않아 H 직원은 팀장이라는 중책을 맡았다. 전시 경력이 너무 짧다는 반대도 있었다. 하지만 경영진은 어떤 일이든 최선을 다하는 그를 믿었다. 큰 덩치만큼 배포도 큰 H는 팀장 역할을 잘 수행했다. 그는 팀장 역할을 마친 뒤 자리를 옮겨 지금은 다른 전시사업부의 팀원으로 일하고 있다. 이 팀 저 팀을 왔다 갔다 하고 팀장과 팀원을 오르락내리락한다. 쉽지 않은 일들이지만 우리는 이렇게 사람을 키우고 조직을 만들어 간다.

20대 후반에 입사한 K 직원은 현재까지 10년 넘게 우리 회사에 재직하고 있다. 그사이 사내 결혼도 했다. 그는 입사 이후 줄곧 스테인리스 철강 영업만 했다. 그것도 팀장으로 일했다. 이후 10년 넘게 스테인리스 영업에서 쌓은 경력을 바탕으로 스테인리스 파이프 분야에서 신규사업을 추진한 적도 있다.

그러나 신규사업은 여러 가지 이유로 실패했다. 부득이 다른 자리로 옮겨야 했다. 가장 쉽게 생각할 수 있는 방법은 제자리로 돌아가기였지만 K 직원은 이제는 후배가 맡고 있는 스테인리스 영업팀장으로 돌아가지 않았다. 그 대신 전시사업부로 옮겨 새롭게 도전하고 있다.

당연히 K 직원은 전시에 대한 지식과 경험이 부족하다. 그러나 누구보다 회사의 철학을 잘 알고 있다. 또한 그 철학을 실천하기 위해 노력한다. 게다가 영업에 대한 노하우도 많다. 전시사업부로 옮긴 지 6개월도 되지 않았지만 직원들의 평가는 훌륭하다. 영업 노하우가 있고 일을 적극적으로 하기 때문에 많은 젊은 직원들의 리더로서 역할을 하고 있다는 평가다. 경영진은 전시산업이라는 K 직원의 새로운 도전이 곧 결실을 맺을 것이라 기대한다.

전혀 다른 업무를 이전과 다른 직급에서 그것도 여러 번씩 수행할 수 있는 회사는 많지 않다. 특히 전문화가 필요한 요즘, 삼세판처럼 수차례 기회를 주는 일은 더욱 드물다. 하지만 우리 회사는 전혀 개의치 않는다. 우리는 당장 할 수 있는 일에 집착하지 않는다. 겉으로 보이는 표면만 쳐다보지도 않는다. 대신 메쎄이상은 인재 한 사람 한 사람의 잠재력을 찾고자 노력한다.

자기 업무라는 테두리 안에서만 자신을 규정짓고 살아가기에 현대 사회는 너무 복잡하다. 그때 그때 필요한 곳에서 자신의 임무를 수행하는 것이 우리가 추구하는 인재의 모습이다. 한번 '영업맨'이라고 해서 영원한 '영업맨'일 수 없다. 한번 '팀장'이니까 영원한 '팀장'도 없다. 우리 모두가 수평적인 조직문화를 지향하기 때문에 가능한 일이다.

● 직원은 '매니저' 아니면 '책임 매니저'

우리 회사도 몇 년 전까지는 일반적인 직급체계를 운영하고 있었다. 다른 회사와 마찬가지로 직원들을 사원-주임-대리-과장-차장-부장-임원의 순서대로 직급을 구분했다. 그러면서 어떻게 하면 수평적인 조직문화를 만들 것인가 하는 문제의식을 갖지 않을 수 없었다. 이를 위해 수없이 많은 시도를 했다.

물론 수평적 조직문화가 수직적 조직문화보다 항상 좋거나 우수한 것은 아니다. 어떤 경우 또는 어떤 조직에서는 오히려 수직적 조직문화가 맞는 회사도 있다. 우리 회사가 추구하는 수평적 조직문화는 작은 것 하나까지 모든 직원의 의견을 모아서 결정하는 것을 의미하지 않는다. 그러면 의사결정이 늦어지고 실행이 지체되기 때문이다.

우리 회사가 지향하는 수평적 조직문화란 '수평적 소통'과 '수직적 실행'을 의미한다. 업무상 발생되는 의사결정은 의사결정권자가 하되, 결정을 하기 전에 자유롭게 자신의 의견을 피력할 수 있는 문화를 말한다. 전시산업은 기획산업이다. 많은 의견들을 모아야 한다. 그렇지만 동시에 신속한 실행을 필요로 한다. 이러한 전시산업의 특성으로 인해 우리는 수평적 조직문화를 추구하고 있다.

몇 번의 시행착오 끝에 현재 우리 회사의 직급체계는 3가지로 구분되어 있다. 즉, 매니저-책임 매니저-임원이다. 메쎄이상에는 무슨 직급, 몇 년 차라는 개념 자체가 없다. 다만 매니저에서 책임 매니저로 승진하려면 5년 정도 소요된다. 책임 매니저는 일종의 팀장 후보

그룹이다. 책임 매니저가 되면 어떤 전시회라도 직접 맡아서 주관할 수 있다.

그렇다면 우리 회사에 팀장이 없을까? 아니다. 팀장이 있다. 메쎄 이상의 팀은 매우 자주 바뀐다. 다른 전시회를 인수합병하거나 전시회를 새롭게 론칭할 때마다 팀이 새로 생기고 팀장도 새로 생긴다.

거꾸로 전시회를 접으면 해당 전시회 팀장은 다시 책임 매니저로서 팀원으로 돌아간다. 오늘의 팀장이 내일은 일반 책임 매니저가 된다. 책임 매니저는 누구나 팀장이 될 수 있다. 우리 회사는 이와 같은 유연한 직급체계를 지향한다.

회사 설립 때부터 지금까지 일하고 있는 K 직원은 무려 입사 22년 차다. 나이로 보나 능력과 경력으로 보나 임원 정도는 하고 있어야 마땅한 인재이다. 개발팀에서 그의 능력은 탁월하다. 인터넷 사이트를 주로 개발하던 2000년대부터, 모바일 개발이 활발히 이뤄지던 2010년대까지 K는 회사의 모든 IT 개발을 주도했다. 안드로이드뿐만 아니라 아이폰의 iOS 개발도 모두 그의 책임하에 성공적으로 이뤄졌다.

하지만 K는 아직 팀원이다. '아직'이 아니라 영원히 팀원일 가능성이 높다. K가 능력이 모자라거나 불성실해서가 아니다. 새로운 기술에 대한 학습에 게을러서도 아니다. 단지 수많은 역량 대신 팀장으로서 조직을 이끌어갈 수 있는 리더십이 본인의 역량에서 빠져있을 뿐이다. 사실 K는 비전을 향해 사람들을 끌어가고, 임원을 설득하는 능력은 부족하다. 그러나 맡은 일을 처리하는 전문성과 미래를 준비하는 학습능력은 누구보다 훌륭하다. 따라서 K는 팀원으로서 자기의 역할을 다하면 된다. 몸에 맞지도 않는 옷을 억지로 입힐 필요는 없다. K 도 만족하고 있다.

영어를 잘하는지, 영업을 잘하는지, 기획을 잘하는지 등 능력만을 중심으로 직원을 바라보며 성과 중심으로 평가하는 것. 이는 유연한 직급체계와 함께 우리 회사를 지탱하는 힘이다.

일 중심의 조직과 사람 중심의 조직은 다르지 않다. 조직에서는 일이 곧 사람이기 때문이다. 우리 회사는 3무 원칙이라는 큰 틀에서 사람을 키운다. 더불어 직급이나 업무에 있어서 유연한 조직문화를 지향한다. 팀장과 팀원이 서로 바뀌고, 소속팀과 담당업무가 바뀌는 일들은 보통의 회사에서는 어려운 일이지만 우리 회사에서는 당연하고 자연스러운 것들이다. 이것들은 우리 회사가 지금보다 더 성장할 수 있는 든든한 잠재력이다.

●   새로움을 추구하는 '땅콩 찾기 프로젝트'

미국 앨라배마주(州) 엔터프라이즈(Enterprise)시(市) 법원 앞에는 특이한 모양의 탑이 있다. 한 여성이 벌레를 들고 있는 이 기념탑의 이름은 목화 바구미 기념탑(Boll Weevil Monument). 특이한 이름의 이 탑에는 다음과 같은 글귀가 적혀 있다.

"우리는 목화를 갉아먹었던 목화 바구미에게 깊이 감사 드립니다. 이 벌레는 우리

미국 앨라배마주 엔터프라이즈시 법원 앞의 목화 바구미 기념탑

에게 번영의 계기가 되었고, 하면 된다는 신념을 심어 주었습니다. 목화 벌레들이
여! 다시 한번 그대들에게 감사합니다."

　19세기 말까지 엔터프라이즈는 미국 목화 생산의 중심지였다. 이
곳 사람들은 목화 없이는 생존이 불가능했다. 목화 덕분에 이들은 윤
택하게 생활할 수 있었다.

　그러나 1895년, 평화롭던 이곳에 청천벽력 같은 재난이 발생한다.
난데없이 '목화 바구미'라는 해충이 창궐해 더 이상 목화 농사를 지을
수 없게 된 것이다. 수많은 주민들이 생활터전을 잃었고, 흉년과 기근
이 계속되면서 주민들은 가난의 구렁텅이로 빠져들었다.

　엔터프라이즈 주민들은 포기하지 않았다. 대신 새로운 환경에 적

합한 대체농작물을 찾아 나섰다. 이렇게 해서 재배를 시작한 것이 바로 '땅콩'. 주민들은 목화 대신 땅콩을 심기 시작했고, 그 결과 이 지역은 이전보다 훨씬 더 발전했다. 몇 년 후 이곳은 세계적인 땅콩 생산지가 되었다. 그러자 주민들은 계속 목화 농사를 지었다면 우리는 이 정도로 발전하지 못했을 것이라고 입을 모았다.

엔터프라이즈 주민들은 도시 입구에 기념탑을 세웠다. 이 탑을 통해 '우리에게 시련을 주셔서 감사하다고, 시련 덕분에 더 나은 방법을 찾아 더 발전할 수 있었다고, 시련을 당할 때는 원수 같았던 목화 바구미 벌레가 지금은 너무 고맙다'고 고백했다.

10여 년 전 이 이야기를 처음 접한 조원표 사장은 이후 기회가 될 때마다 목화 벌레 덕분에 땅콩을 찾은 엔터프라이즈 사람들 이야기를 직원들에게 소개했다. '우리도 땅콩을 찾아야 한다, 우리의 땅콩은 무엇일까?' 조 사장의 주장에 모든 직원들이 공감했다.

얼마 후 우리 회사는 '땅콩 찾기 프로젝트'를 시작했다. 미래 먹거리가 될 수 있는 사업모델을 찾는 직원 공모전이었다. 전시사업을 시작한 후 3년 정도 지난 2011년, 그리고 코로나19 팬데믹으로 모두가 힘들었던 2020년. 우리들은 두 번의 땅콩 찾기 프로젝트를 실행했다.

2011년 진행된 첫 '땅콩찾기 프로젝트'의 1등작은 아시안 마트 사업으로, 국내에 거주하고 있는 동남아 사람들을 위한 먹거리 비즈니스였다. 우리나라에서 동남아 인구가 급속히 증가하고 있는데 반해 그들을 위한 식료품 판매점의 질이 너무 열악하다는 것이 이 사업을 시각한 배경이었다. 물론 이 분야에 이미 깃발을 꽂은 회사들이 있었다. 하지만 모두 작은 개인 기업들이었기 때문에 충분히 제칠 수 있다고 생각했다.

아시안 마트 아이디어를 제안한 B 직원에게는 상금 1,000만 원과 함께 해외연수 기회를 제공했다. B 직원은 미국에서 우리나라 식음료를 판매하는 H 마트를 벤치마킹하고 돌아왔다. 다른 회사들은 보통 아이디어 경진대회를 이 정도에서 끝낸다. 하지만 우리들은 여기서 멈추지 않았다. 회사와 경영진이 90%, 사업 제안자가 10%를 투자한 새로운 법인을 설립해 본격적으로 아시안 마트를 사업화하기 시작했다.

아시안 마트 사업을 시작하기 직전에는 또 한 번 증자를 통해 어렵게 찾아낸 땅콩이 열매를 맺도록 투자를 아끼지 않았다. 특히 베트남을 중심으로 네트워킹을 확대했다. 베트남 대사관과 긴밀한 비즈니스 관계를 구축했고 베트남의 대형 식품회사나 유통회사와도 협업 계약을 맺었다.

그러나 아쉽게도 사업은 실패했다. 시장규모에 대한 예측을 처음부터 잘못한 것과 산업에 대한 이해 부족이 원인이었다. 회사와 경영진은 10억 원 가까운 손해를 봤다. 처음 아이디어를 낸 뒤 최선을 다한 B 직원은 실의에 빠졌다. 어깨가 축 처진 그에게 조 사장이 말했다.

"힘내! 열심히 했잖아요. 그러면 된 겁니다. 단지 약간의 금전적 손해를 본 것에 불과해요. 손해 이상의 경험을 쌓았잖아요. 다시 시작해 봅시다."

사장은 이 말을 B 직원에게만 했던 것이 아니었다. 전체 직원들에게 하고 싶은 말이었다. 새로운 기회를 만들어 주었다는 것, 결과가 아닌 과정으로 직원들을 평가한다는 것을 알려주었다는 것만으로도 아시안 마트는 충분히 값진 시도였다. B 직원은 지금 수원메쎄 전시장의 센터장이다. 그는 이때의 실패를 거울삼아 새로운 도전을 주저 없이 실천했다. B 센터장은 이때부터 지금까지 우리 회사의 베트남 비즈니스의 중심 역할을 맡고 있다. 땅콩 찾기 프로젝트를 통해 베트남 전문가로 성장했기 때문에 가능한 일이다.

첫 번째 '땅콩 찾기' 프로젝트로 회사와 경영진은 손해를 입었다. 프로젝트를 하느라 에너지를 쓰고, 선발된 직원에게 상금을 주고, 새 사업에 투자를 하고, 그런데도 결국 사업은 실패를 했다. 하지만 회사는 실패한 직원을 다시 중용하고 또 다른 땅콩을 찾기 위해 프로젝트를 열었다.

어찌 보면 일부러 실패를 권장하는 것처럼 보인다. 맞다. 메쎄이상은 이렇게 이상한 회사다. 실패를 밥 먹듯이 해도 우리의 '땅콩 찾기'는 계속된다. 끊임없이 도전하고 실패하고 다시 도전할 것이다. '실패는 성공의 어머니'라고 말하지만 성공을 위해서만 도전하는 것이 아니다. 도전은 그 자체만으로 위대하다고 믿기 때문이다.

● 신입사원의 등용문 E-Day

메쎄이상에 입사하면 반드시 통과해야 하는 세리머니가 있다. 입사 후 3개월이 지나면 그때까지의 경험과 자신의 아이디어, 그리고 미래 목표를 발표해야 한다. 10년 이상 계속되고 있는 이 전통을 우리들은 'E-Day'라고 부른다. E-day의 E는 Evaluation, Education, 그리고 메쎄이상의 'E'를 의미한다.

E-Day는 기본적으로 평가를 받는 자리이다. 대기업 같은 입사전형을 치를 수 없는 중소기업 입장에서 실습을 거쳐 채용을 확정하겠다는 정책의 일환이다. 이날 발표 뒤 대표이사와 임원들은 팀장들과의 회의를 통해 발표자의 채용 여부를 최종 결정한다. 따라서 직원들은 당연히 최선을 다해 발표를 준비한다. 또한 E-Day는 자신을 알릴 수 있는 절호의 기회이기도 하다. 회사의 모든 리더들이 모인 자리에서 발군의 실력을 발휘한다면 그 이미지를 3년 이상 가져갈 수 있기 때문이다.

10년 넘는 기간 동안 E-Day에서 탈락한 직원은 손가락으로 셀 수 있을 정도에 불과하다. 하지만 모든 수습사원은 E-day를 통과해야 정직원이 되므로 잔뜩 긴장한 모습으로 발표에 임한다.

E-Day를 무사히 거쳐 채용이 확정되면 작은 선물이 주어진다. 먼저 예쁜 꽃다발과 맛있는 케이크를 직원의 집으로 보낸다. 보통은 부모님들이 받게 되는 이 선물엔 '건강한 청년으로 키워주셔서 감사합니다. 우리 회사의 동량이 되고, 나라에 기둥이 될 수 있도록 회사에서

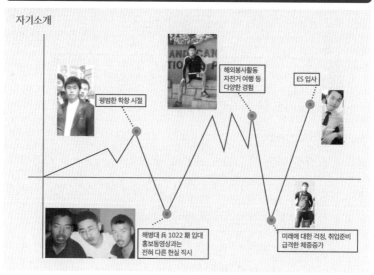

P 직원의 E-Day 발표자료 중 자기소개 내용 일부

자기소개

평범한 학창 시절

해외봉사활동 자전거 여행 등 다양한 경험

ES 입사

해병대 兵 1022 期 입대 홍보동영상과는 전혀 다른 현실 직시

미래에 대한 걱정, 취업준비 급격한 체중증가

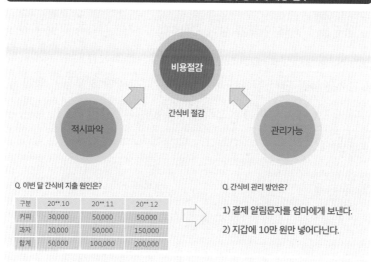

R 직원의 E-Day 발표자료 중 비용절감 선수행과제 내용 일부

비용절감

간식비 절감

적시파악

관리가능

Q. 이번 달 간식비 지출 원인은?

구분	20**.10	20**.11	20**.12
커피	30,000	50,000	50,000
과자	20,000	50,000	150,000
합계	50,000	100,000	200,000

Q. 간식비 관리 방안은?

1) 결제 알림문자를 엄마에게 보낸다.
2) 지갑에 10만 원만 넣어다닌다.

도 따뜻하게 보살피겠습니다'라는 의미가 담겨 있다. 이렇게 선물을 받은 부모님들은 기꺼이 메쎄이상의 열렬한 서포터가 되어 주신다. 동료들의 축하와 선물, 그리고 해냈다는 자신감은 덤 정도 되는 것 같다.

E-Day는 이러한 본래 목적 외에도 가끔씩 회사 발전을 위한 알찬 효과를 가져오기도 한다. E-Day 때 발표한 신입사원의 제안으로 회사 시스템이 바뀐 사례도 몇 건이나 있다. '채권관리 프로세스 개선방안', '판관비 절감을 위한 적요 코드 세분화 방안' 등이 대표적인 사례이다. 이런 것들은 팀장이나 경험 많은 책임 매니저가 제안했던 아이디어가 아니다. 신입 시절, P 직원과 R 직원이 E-Day에서 발표했던 내용이다.

기존 직원들은 당연하다고 여기며 무심코 넘어가는 일들이 신선한 인재들의 눈에는 모두 물음표로 보였다. 아직 조직문화에 익숙하지 않은 시선이었기에 이상하게 보이는 것, 불합리하게 여겨지는 것들을 찾아낼 수 있었던 것이다.

똑같은 3개월이어도 열심히 수고하고 노력한 사람과 그렇지 않은 사람의 발표는 내용과 태도 모두 차이가 난다. 최선을 다한 직원들의 발표에는 놀랄 만한 깊이와 울림이 있다. 그것은 땀과 눈물의 힘일 것이다. E-Day에서 떨리는 목소리로 발표했던 신입사원 P와 R, 두 사람은 모두 우리 회사의 동량(棟梁)을 넘어 에이스로 성장해 가고 있다.

● 　오렌지 데이와 금연펀드

10여 년 전 우리들은 매주 금요일을 'Orange Day'라고 불렀다.

Orange Day

매주 금요일은 오렌지데이(Orange Day)입니다.

★ "이상인"의 화합과 발전을 위해, 그리고 우리 회사 오렌지 색에 대한 의미를 되새기고자 매주 금요일을 "Orange Day"로 정했습니다.

★ "Orange Day"에는 오렌지 색 티셔츠를 입습니다. 사무실에 계실 때에는 회사에서 나누어드린 멋지고, 예쁜 오렌지 색 티셔츠를 입습니다.

★ "Orange Day"에는 오렌지를 먹습니다. 비타민도 풍부하고, 맛도 있는 오렌지를 출입구 탁자에 비치해 놓을 예정이오니 출근 시에 하나씩 가져가셔서 맛있게 드십시오.

★ "Orange Day"에는 서로 크고, 밝은 목소리로 인사합니다. 목례만 한다거나, 못 본 척하시면 안 됩니다. 꼭 크고 밝은 목소리로 웃으면서 서로 따뜻하게 인사합니다.

'Orange Day' 안내문에 적혀 있던 내용이다. 오렌지색의 상징적 의미는 'pride', 'energy'라고 한다. 우리들이 매주 금요일을 'Orange Day'라고 정한 까닭은 회사와 임직원 모두 자부심을 품고 넘치는 에너지로 일하자는 의미였다.

오렌지 데이가 되면 회사 곳곳에는 오렌지색 티셔츠가 가득했다. 대표부터 신입까지 모든 임직원들이 새콤달콤한 오렌지를 먹고 있는 모습을 상상해 보라. 남들은 그 모습을 보며 유치하다고도 했고 재미 있다고도 했다. 어쨌든 한참 동안 진행된 오렌지 데이를 통해 우리는 에너지가 너무 넘쳐 시끄럽고 유별난 회사를 만들어 나갔다.

우리 회사는 직원들이 스스로 건강을 지키도록 돕는 방법도 조금 은 특별하게 실행했다. '금연펀드'. 직원 건강을 위해 기획된 프로그램 이다. 당시 임직원 가족에게 보낸 대표이사 명의의 안내문엔 이런 내 용들이 기재되어 있었다.

가 정 통 신 문
(금연프로그램 운영관련 협조 요청의 건)

국가 대내외적으로 어려운 시기임에도 불구하고, 불철주야 회사를 위해 노력하고 있는 아드님, 따님 또는 남편, 아내를 위한 가족분들의 노고에 대 해 진심으로 머리 숙여 감사의 말씀을 올립니다.

우리 회사에서는 힘든 시기일수록 더욱더 서로 격려하고, 아껴주는 화합 의 기업문화로 경제난국을 헤쳐 나갈 것입니다. 아울러 직원이 건강하고 행복해야 회사도 건강하고 행복할 수 있다는 굳건한 믿음으로 금연프로그 램을 실시하려 합니다.

흡연직원들이 일부 금액을 납부하고 회사 및 대표이사 개인이 그보다 많 은 금액을 납부하여 모은 금액을 1년간 금연에 성공한 임직원들에게 나누 어주는 프로그램입니다. 이외에도 유관교육, 보건소 등과 연계한 금연 클 리닉 등을 통해 금연할 수 있도록 최선의 노력을 다하겠습니다. 모두가 금 연에 성공하여 건강한 삶을 살 수 있도록 협조 부탁 드립니다.

메쎄이상에서 근무하는 것이 가장 불편한 사람은 누구일까? 능력 없는 사람? 아니다. 게으른 사람? 아니다. 흡연자들이다. 좀 과하게 얘기해서 회사는 흡연자들을 쥐 잡듯 잡는다.

금연프로그램을 처음 시작할 때였다. 대표이사가 먼저 직원들의 건강을 위해 금연펀드를 제안했다. 금연을 결심한 직원이 1인당 30만 원씩 돈을 내면 회사와 대표이사가 매칭펀드로 모두 2,600만 원의 자금을 만드는 1년 만기 적금에 가입했다.

그리고는 1년 후 금연에 성공한 직원들에게는 적금 총액을 1/n씩 나눠주기로 했다. 금연 프로젝트에는 20여 명이 참여해 그중 5명이 성공했다. 그 결과 금연에 성공한 직원들은 연말에 인당 500만 원씩 현금을 받았다. 담배를 끊어 건강이 좋아진 것만도 기쁜데 생각하지도 못한 보너스를 받은 직원들은 복권에 당첨된 듯 즐거워했다.

상암동으로 본사를 옮긴 직후인 2019년, 금연 캠페인을 다시 진행했다. 이때는 방법을 다르게 했다. 금연을 결심하기만 하면 성공한 것으로 가정한 뒤, 해당 직원들에게 보너스를 선지급했다. 즉, 캠페인 참여한 직원 전원에게 50만 원씩 보너스를 지급한 것이다. 물론 금연에 성공한 직원도 있고 그러지 못한 직원도 있었다. 성공한 직원들은 캠페인 덕분에 금연을 이뤄냈다. 성공하지 못한 직원들 역시 이 캠페인을 통해 금연에 대한 의지를 다졌고, 지금도 금연을 위해 다시 노력하고 있다.

담배 피는 사람을 쥐 잡듯 잡는 회사이지만 그렇다고 흡연 자체를 금지할 수는 없다. 대신 메쎄이상은 근무시간에 담배를 피우는 것은 허용하지 않는다. 어떠한 이유로도 근무 중 흡연은 엄금이다.

우리 회사가 캠페인을 벌이면서까지 금연을 강조하는 이유는 두 가지이다. 먼저는 직원들의 건강, 그 다음은 커뮤니케이션 문제 때문이다. 경험적으로 볼 때 흡연을 하는 팀장들이 그렇지 않은 팀장들보다 팀원과의 커뮤니케이션에 문제가 많았다. 흡연하는 팀장들은 '담배를 피우면서 업무를 논의한다', '고객이 흡연자인 경우엔 담배를 같이 피우면 영업에 도움이 된다', '회의실에서 회의하는 것보다 담배를 피우면서 얘기를 하는 것이 효율이 높다'며 반론을 제기하기도 한다.

근거가 전혀 없는 말이다. 그러나 이런 이유들이 바로 우리 회사가 업무 중 담배를 피우면 안 된다고 판단하는 핵심 근거들이다. 우리 회사는 여성인력이 60% 이상을 차지한다. 흡연자의 대부분이 남성인 상황에서 팀장이 흡연자이면 커뮤니케이션의 불균형이 발생한다. 흡연자끼리 담배를 피우며 업무를 논의하면 그 자리에 끼지 못하는 비흡연자들은 불가피하게 정보에서 소외되기 때문이다. 또한 회사 내에 패거리 문화를 만드는 나쁜 토양이 흡연실이라는 숙주에서 비롯된다는 것이 경영진의 생각이다.

그래서 우리는 흡연하는 직원들에게 '담배 피우면서 회사 일을 논의하지 마라. 담배를 함께 피워야만 영업이 된다고 판단하면 그 영업은 하지 마라'라는 말을 자신 있게 하고 있다. 금연펀드와 금연보너스를 통해 담배를 끊은 직원들이 많지만 아직까지 흡연을 하는 직원들도 있다. 그러나 적어도 회사 근처나 전시장에서 당당하게 담배연기를 내뿜는 직원은 이제 사라졌다. 직급이 아무리 높아도 담배를 피울

땐 남들 모르게 으슥한 곳에 숨어서 피운다. 그래도 우리들은 흡연자들을 더 다그치고 있다. 이런 취급을 받으면서 회사를 다닐 필요가 있을까 하는 서러움이 들 만큼 구석으로 몰아세운다.

회사와 사장이 금연펀드에 출연하고, 각서만 제출하면 금연했다고 치고 보너스를 준다는 것 또한 메쎄이상다운 발상이라고 생각한다. 무엇보다 '가정통신문'에 쓰여 있는 것처럼 '직원이 건강하고 행복해야 회사도 건강하고 행복할 수 있다'는 굳건한 믿음으로 우리들은 오늘도 '금연! 금연!'을 강조한다.

●   몇 시에 출근해야 좋을까?

21세기 대한민국은 갈등으로 몸살을 앓고 있다. 기업으로 대표되는 모든 조직들도 마찬가지이다. 남녀 갈등, 지역 갈등, 노사 갈등, 정치 성향 갈등… 사실 사람이 모이면 갈등이 없을 수 없다. 그래서 갈등은 회피나 박멸 대상이 아니라 관리의 대상이다. 그런데 여러 갈등 중에서 최근 들어 더욱 관리가 필요한 갈등이 있다. 바로 세대 갈등이다. 100세 시대라고 말하지만 40대에만 진입해도 '꼰대' 소리를 듣곤 한다. 반면 20대들은 여기저기에서 자기들만 아는 이기주의자라고 비난받는다.

우리 회사의 인력 분포는 20대 초반부터 60대 초반까지 매우 넓다. 따라서 세대 간의 생각 차이와 그에 따른 갈등이 곳곳에 존재한다.

이런 꼰대와 MZ세대의 갈등을 메쎄이상은 어떻게 관리하고 있을까?

2013년 가산동 사옥 시절이었다. 아침 7시 50분, 출근하는 조원표 사장이 입사한 지 두 달도 안된 수습직원 O의 곁으로 다가갔다. 별다른 생각 없이 컴퓨터를 만지작거리던 직원이 일어서며 인사했다.

"수고 많습니다. 보통 몇 시에 출근하시나요?"

사장의 물음에 수습직원은 보통 8시 전에는 회사에 도착한다고 자신 있게 답했다. 그러자 대표가 다시 물었다.

"부지런하시네요. 아시겠지만 우리 회사 출근시간은 8시 20분입니다. 당신은 몇 시에 출근하는 것이 옳다고 생각하시나요?"

직원은 조심스레 10분 전인 8시 10분까지는 도착해야 한다고 말했다. 그 말을 들은 사장은 한참을 생각하다가 말했다.

"틀린 말은 아닙니다. 그런데 말이죠. 그 대답은 더 잘 살기 위해 일하는 사람의 생각은 아닌 것 같아요. 내가 볼 땐 그냥 잘리지 않기 위해 일하는 사람의 모습으로 보이네요."

수습직원의 상기된 얼굴을 물끄러미 쳐다보며 사장은 말을 이어 갔다.

"내가 수습사원이라면 7시 반 이전에 도착하겠어요. 일찍 와서 혼자서 오늘 해야 할 일을 먼저 정리한 뒤 필요한 공부를 할 것 같아요. 당신처럼 중국어 전공자라면 중국어 공부를 하겠어요. 그러다 팀장이나 다른 선배들이 출근하면 활기차게 인사를 할 것 같아요."

수습직원은 약간 멍한 표정으로 사장을 바라봤다. 사실 지각을 한 것도 아니고, 30분 이상 일찍 출근했는데…… 더 일찍 출근해야 한다는 말을 하지 않아 봉변을 당하나 싶기도 했다. 그런데 사실 이때 조원표 사장이 이처럼 다소 강하게 직원을 다그친 데는 이유가 있었다.

O는 소위 '지잡대' 출신이었다. 지방에서 올라온 그는 집안 형편이 어려워 어느 교회에서 숙식을 해결하고 있었다. 면접 때 그는 이 점을 강조하며 일을 배울 수 있는 기회만 준다면 최선을 다하겠다고 약속했다. 사장은 이런 진솔함과 간절함을 높이 사 그를 채용했다. 그러나 아직 수습기간임에도 두 달여 동안 O는 조금씩 변했다. 사장은 그가 현실에 안주하는 모습, 방어적으로 일하는 자세, 자신 대신 다른 사람의 시선에 더 신경 쓰는 모습을 지적했던 것이다.

"일찍 출근해서 하루에 15시간씩 일하라는 이야기가 아닙니다. 하루를 좀 더 일찍 시작해서 그 시간을 자신의 경쟁력을 높이는 데 투자하는 게 어떻겠느냐고 묻는 겁니다."

더불어 사장은 수습사원 시점에 성실성을 보여주지 못하면 정식

직원이 된 후 선배로부터 인정받기는 더 힘들다는 점도 지적했다. 첫인상이 3년은 가니까.

●   5년 동안 1억 모으기 운동

그렇게 끝난 줄 알았던 사장의 조언은 계속되었다. 소리는 작았지만 내용은 묵직했다.

"한 달에 저축을 얼마나 하나요?"

갑자기 '쑥' 하고 들어오는 질문에 직원은 구체적인 금액을 답하지 못한 채 그냥 열심히 아끼고 있다고 답했다. 사장은 살며시 미소를 지으며 말했다.

"여러분들이 힘들게 노력해서 버는 돈은 정말 소중합니다. 절대 함부로 쓰지 마세요. 그 돈으로 친구들 만나 술 먹고, 비싼 커피 마시는 데 쓰지 말라는 이야기입니다. 어렵게 피땀 흘려 번 돈을 그렇게 써버리면 너무 아깝지 않습니까?"

그러면서 조 사장은 5년 내 1억 모으기 운동을 제안했다. 매달 150만 원씩을 저금하면 1년에 1,800만 원, 연말보너스를 받아 200만

원을 채우면 한 해 동안 2,000만 원을 저축할 수 있고, 이렇게 5년이면 1억 원을 모을 수 있다는 얘기였다. 더불어 매년 연봉이 오르는 것까지 감안하면 5년 내에 1억 모으기의 가능성은 더 높아진다는 말도 했다.

"1억 모으기에 성공하면 당신은 은행에서 대출을 받을 수 있게 됩니다. 그걸 이용해 레버리지 효과를 일으키면 깔끔한 아파트를 전세로 얻을 수 있죠. 이 자산을 기반으로 또 몇 년 열심히 일하면 아파트를 살 수도 있습니다. 그렇게만 된다면 당신은 그냥 노동자가 아닙니다. 자산을 소유한 자본가이기도 하죠. 근로소득 이외의 수익을 갖게 되는 것이 바로 자산 증식에 성공하는 길입니다."

요컨대 쓰고 남는 돈이 아니라 저금을 먼저 하고 나머지로 생활해서 5년 내에 1억을 모으라는 조언이었다. 그러면 자산을 소유하게 되고, 자산은 자산을 낳기 때문에 경제적으로 안정을 얻을 수 있다는 내용이었다. 이 일이 있고 딱 5년째가 되던 해. O가 사장실 출입문을 노크했다.

"사장님! 정말 감사합니다. 사장님 말씀대로 저축해서 1억을 모았습니다. 그리고 대출금을 보태 작은 아파트를 하나 샀습니다. 아주 작은 집이지만 사장님껜 꼭 말씀을 드리고 싶어서요."

해맑게 웃는 이 직원 앞에서 조원표 사장도 흐뭇하게 웃었다. 이 직원은 다음 해, 같은 회사의 7살 연하 직원과 결혼을 한 뒤 아들 하나를 낳았고 지금도 계속 우리와 함께 근무하며 행복하게 살고 있다. 사실 이 이야기는 메쎄이상 직원들 모두가 알고 있다. 신입사원 교육과정 CEO 강의 때마다 조 사장이 빼놓지 않고 이야기하기 때문이다.

● 　양적 축적에 의한 질적 변환

5년에 1억 모으기 다음으로 사장이 직원들에게 자주 하는 이야기가 있다. 바로 '양적 축적에 의한 질적 변환.' 그의 주장은 다음과 같다.

　사람들은 대부분 공부를 어려워한다. 가장 큰 이유는 성과가 단시간에 나오지 않기 때문이다. 토익(TOIEC) 공부를 1시간 할 때마다 1점씩 착착 오른다면 누구나 1,000시간 공부할 것이고 모두 토익 만점의 주인공이 될 것이다.

　하지만 현실은 그렇지 않다. 독한 마음을 품고 100시간, 200시간 공부해도 성적은 잘 오르지 않는다. 그때마다 걱정에 휩쓸린다. 공부는 내 적성이 아닌가, 나는 공부 운이 없는 사람인가 하는 마음에 많은 사람들은 포기를 하게 된다. 그렇게 한두 달 쉬다 보면 다시 공부를 해야 한다는 생각이 들고, 다시 공부를 시작한다. 하지만 이번에도 몇 달 열심히 하지만 성적은 여전히 제자리. 그러면 다시 포기. 그러다 다시 도전하고 또 포기하는 악순환을 반복한다.

이렇게 해선 공부를 잘할 수 없다. 당장 성적이 나오지 않더라도 두세 달, 네다섯 달 묵묵히 노력해야 한다. 공부시간과 성적이 정비례하지 않더라도 참고 이겨내야 한다. 어려운 고비를 넘기면 놀랍게도 갑자기 성적이 오르는 순간을 만나게 된다. 꾸역꾸역 계속 듣다 보면 갑자기 귀가 터져 영어가 들리기 시작하는 때가 있는 것처럼…….

성적은 공부한 시간에 비례하여 오르지 않는다. 어느 정도 노력이 축적되었을 때 갑자기 오른다. 따라서 공부를 잘하려면 무엇보다 인내력이 필요하다. 공부시간과 성적의 함수는 결코 정비례 그래프가 아니다. 한 번 오른 뒤, 수 개월 열심히 하다 보면 또 한 번 성장하는 계단식 그래프이다. 이것이 '양적 축적에 의한 질적 변환'이다.

양적 축적에 의한 질적 변환을 처음 주장한 사람은 독일의 철학자 헤겔이다. 그리고 이를 역사에 적용한 것이 칼 마르크스의 역사 발전 단계 주장이다. 이들 철학자의 주장을 이데올로기로 받아들이는 것이 아니라 삶의 원칙으로 적용하자는 것이 조원표 사장의 주장이다.

'양적 축적에 의한 질적 변환'은 모든 인생사에도 대입할 수 있다. 꾸준한 노력이 전제되어야 성공한다는 이야기다. 노력의 양이 최소한 어느 정도라도 쌓여야 변화할 수 있다. 이를 위해 필요한 노력의 양은 사람과 환경마다 다르지만 누구나 본인 스스로 참아내야 한다. 그러다 보면 어느 시점에 이르러 질적인 변화를 일으키는 단계를 맞게 되고 그때 점프하듯이 성장할 수 있다.

이 원칙을 삶에 적용하는 것이 쉽지만은 않다. 처음 시작할 때는 누구나 쉽게 시작한다. 그러나 노력을 계속하면서 질적 변화를 일으킬 성과가 나기 전까지 견뎌내는 게 참 어렵다. 이때를 잘 견디느냐 못 견디느냐가 핵심이다. 동트기 전 새벽이 가장 어둡다는 말과 같다. 그때 많은 사람들이 포기한다. 하지만 그 위기를 잘 넘겨야 성공에 이를 수 있다.

5년에 1억 모으기 운동과 양적 축적에 의한 질적 변환은 우리 회사에 입사하는 사람이면 누구나 대표이사로부터 듣게 되는 이야기다. 물론 이 내용에 동의하지 못하는 직원도 있을 것이다. 그러나 회사는 직원들에게 분명히 밝힌다. 메쎄이상은 이걸 받아들이는 직원을 원한다고.

●   '워라벨'은 없다

'할 말은 하는 신문.' 십수 년 전 어느 신문사의 광고 카피였다. 메쎄이상 역시 할 말을 하는 회사이다. '꼰대'라고, '요즘이 어느 때인데 그런 소리냐'고 지적을 해도 우리는 서로를 위해 해야 할 말은 반드시 한다.

우리에게 '워라벨'이라는 단어는 항상 낯설다. Work & Life Balance, 일과 삶의 균형을 이야기하지만 어쩐지 일을 적게 하겠다는 말로 들리기 때문이다. 일과 삶은 대체제가 아닌데 어떻게 균형을 맞출 수 있을까? 일은 삶이 아니고 무엇일까? 삶이 아니라면 일은 돈을 벌기 위해 필요한 힘든 노동에 불과한가? 일은 가능하면 무조건 적게 해야 하는 필요악에 불과한가?

일과 휴식의 균형이라고 한다면 그 필요성에 충분히 동의할 수 있다. 그러나 일과 삶의 균형이란 말은 받아들일 수 없다. 학력고사나 수능을 준비하던 고3 시절을 회상해 보자. 수험생에게 가장 행복한 일은 무엇이었을까?

물론 사람마다 생각 차이는 있을 수 있지만, 대부분의 수험생에게 가장 큰 행복은 원하는 학교에 합격할 수준으로 성적이 올라가는 일이다. 튼튼한 신체나 적절한 휴식 역시 중요하겠지만 이 역시 가장 커다란 행복인 공부를 위한 것이라 여겼을 것이다.

수험생에게 공부와 라이프의 균형을 중시하라고 말하는 학부모나 교사는 거의 없다. 수험생에게는 공부와 삶의 균형이 아니라 공부와 휴식의 균형이 필요한 것이다. 수험생이 행복한 학교 생활을 하도록, 이를 통해 좋은 성적을 낼 수 있도록, 공부와 휴식의 균형을 맞춰주는 것이 가장 중요하다. 아무리 공부가 급한 고3 수험생이라 하더라도 운동시간을 보장해 주어야 하는 것도 같은 논리다.

몇 년 후 이 학생이 졸업 후 취업에 성공해 직장인이 되었다고 생각해 보자. 이 20대 신입직원의 삶은 어떠해야 할까? 아침에 출근해서 저녁에 퇴근할 때까지 업무를 한 다음 저녁마다 친구들과 술자리를 찾아다니면 행복일까? 딱 8시간 일하고 나머지 시간은 친구를 만나 술 마시고 놀러 다니는 것은 '워라벨'이 아니다. 그것보다는 지금보다 더 나은 내일을 위해 자신을 수련하는 것이 진정한 '워라벨'이다.

직장생활을 하면서 무조건 평생직장으로 생각하면서 일하라는 것이 아니다. 회사를 위해 희생하면서 회사 일에만 몰입하라는 것은 더욱 아니다. 자신이 경쟁력을 높이는 데 최선을 다하면서 일하라는 것이다. 일찍 출근해서 회사 일을 한 시간이라도 더하라는 것이 아니라, 전문지식을 쌓기 위해 책을 읽고 유튜브를 시청하라는 것이다. 일주일에 40시간 일하면서 한 달 동안 책 한 권 읽지 않는 사람이 많다. 사실 1년이 지나도록 책 한 권 읽지 않는 사람이 수두룩하다. 주말에 뭐 했느냐고 물으면 많은 사람들이 비생산적인 일에 시간의 대부분을 허비한다.

그럼 회사 일을 어떻게 하라는 것일까? 직원으로 일하는 동안 열심히 일하고 학습해서 자신의 경쟁력을 최고로 높이라는 것이다. 일을 하면서 경쟁기업으로부터 끊임없는 스카우트 제안을 받으면서 회사를 다니라는 것이다. 더 높은 연봉을 제안받고 창업할 수 있는 방법을 배우고 연습할 수 있도록 회사 생활을 하라는 것이다. 많은 옵션 중의 하나가 우리 회사에서 성장하는 것이다.

우리 회사 임원과 간부들은 대부분 이 같은 내용에 공감한다. 이것이 워라벨이라는 단어가 메쎄이상에선 다소 낯선 까닭이다.

●   밥이 중요하다 커피도 중요하다

일찍 출근해라, 돈을 열심히 모아라, 워라벨은 없다. 모두 꼰대 소리를 들을 만한 주장들이다. 그러나 여기서 끝이 아니다. 우리 회사는 기꺼이 꼰대가 되고자 한다. 싫은 소리를 듣더라도 해야 할 말은 하는 메쎄이상은 삼시 세끼 먹는 것을 매우 중요하게 여긴다.

우리들은 밥을 중시한다. 잘 먹어야 신나게 일할 수 있다는 철학 때문이다. 우리 회사 구성원 평균 연령은 2022년 1월 기준으로 만 32세이다. 매우 젊은 회사이다. 서울 출신들도 있지만 지방 출신들이 많다. 더군다나 요즘은 서울에 본가가 있어도 독립하는 경우가 많기 때문에 젊은 직원들은 대부분 혼자 산다. 이들을 위해 우리 회사는 아침, 점심, 저녁을 모두 제공한다.

먹거리를 중요시하는 우리들에게 구내식당은 최고의 자부심이다. 맛있는 회사 밥은 우리 직원들이 회사를 자랑할 때 빠짐없이 들어가는 소재이다. 어떤 직원은 사직을 하면서 인터넷에 회사를 비난하는 글을 올렸는데 '그래도 밥은 맛있다'고 적었다. '사장은 X같은 회사인데 구내식당은 훌륭하다'고 적은 것을 보더라도 구내식당에 대한 만족도가 높다는 사실을 확인할 수 있다.

요즘 물가가 올라 1만 원으로는 맛있고 푸짐하게 한 끼를 즐기기 힘들다. 또한 매일 점심시간마다 무슨 음식을 먹을지 선택하는 것도 곤욕이다. 임원이나 팀장들에게 점심 비용은 더 큰 어려움이다. 매번 더치페이를 하면 리더로서 면이 서질 않고, 그렇다고 매번 낼 수도 없는 실정이기 때문이다.

이런 불편을 없애기 위해 많은 회사들이 구내식당을 운영하고 있다. 그런데 문제는 품질이다. 대부분의 구내식당들은 맛이 없거나 구성이 단조롭다는 이야기를 듣는다. 그래서 회사로선 돈은 돈대로 쓰면서 싫은 소리만 듣는 경우가 많다.

우리 회사는 이 문제를 맛있는 음식으로 해결하고 있다. 무엇보다 품질을 최고 수준으로 유지하려고 한다. 현재 메쎄이상 구내식당을 위탁 운영하고 있는 글로벌 회사인 A사에 따르면 자사에서 운영 중인 구내식당 중에서 우리 회사의 식사 단가가 가장 높다고 한다. 먹는 게 제일 중요하고, 밥을 잘 먹어야 일도 잘된다는 꼰대의 생각을 우리들은 이렇게 실천하고 있다.

밥은 최고의 복지이다. 중소기업이 대기업만큼 월급을 주기는 힘들다. 그러나 맛있는 식사를 제공하는 것은 가능하다. 우리가 할 수 있는 차별화된 서비스 중 하나가 이것이라고 생각하고 있다. 이런 생각에서 우리들은 최고 단가 구내식당을 시작했고 이제 어느덧 10년을 넘어서고 있다.

뭐니 뭐니 해도 밥이 제일 중요하다는 꼰대 사고방식의 또 다른 시도가 카페 자체운영이다. 우리 회사는 카페를 직접 운영한다. 300평 넓이인 회사 건물의 2층 전체를 카페와 회의실로 만들었다. 카페에서는 일급 바리스타 직원이 직접 *타벅스, *라로사, *바셋 같은 최고급 커피원두로 맛있는 커피를 내려준다. 물론 직원들에게도 무료, 내방객에게도 무료이다.

우리들이 카페를 직접 운영하는 이유는 크게 두 가지 때문이다. 첫째는 직원들의 주머니를 묶자는 것. 월급이 많지 않은 직원들이 비싼 커피를 들고 다니는 모습이 보기 싫었다. 매일 한두 잔씩 마시는 커피값이 한 달이면 10만 원을 훌쩍 넘어가곤 한다. 특히 선후배가 함께 다니면 선배들의 지갑이 점점 얇아진다. 이런 불합리하고 불필요한 현상을 없애기 위해 우리들은 회사 안에 근사한 카페를 만들었다. 아침마다 우리들은 카페에 모여 향기 좋은 커피를 마시며 하루를 시작한다. 가벼운 이야기 꽃을 피우기도 하고 열띤 회의를 하기도 한다.

두 번째 이유는 어린 직원들의 커피 심부름을 없애자는 취지에서였다. 불과 몇 년 전만 해도 임원이나 팀장들의 손님이 오면 팀원들이 커피를 준비해 주었다. 그 모습이 좋아 보이지 않았다. 카페를 만들자 그 모습이 사라졌다. 손님들과 카페에서 만나든지, 카페에 들러 음료를 선택하게 한 뒤 회의실에서 미팅을 한다. 작은 실천이지만 여성 비율이 60%가 넘는 우리 회사에선 꼭 필요한 조치였다.

고급 구내식당과 카페 운영 외에도 직원들의 지갑을 지키기 위해 실시하는 정책이 하나 더 있다. 바로 리펀딩 데이(Refunding Day). 개인경비 청구일인 매월 10일을 일컫는 말이다. 우리 회사는 직원들이 업무상 사용한 개인 돈을 1개월 단위로 100% 리펀드해 준다. 영업하러 가서 식사한 돈, 고객을 만나 커피숍에서 쓴 돈, 바쁘게 이동하느라 택시를 탄 비용. 사실 여기까진 웬만한 회사가 다 해 주니 어찌 보면 당연한 조치이다. 그러나 우리 회사는 주말에 전시회를 가서 쓴 돈도 경비 처리해 준다. 전시회사니까 당연하다고? 맞다. 하지만 더 있다. 코엑스나 킨텍스에서 열린 전시회에 갔다가 밥 먹고 커피 마시는 비용까지 모두 돌려준다.

어떤 팀장은 신입 시절이었던 어느 날, 동기들과 함께 가산 사옥 로비에서 사장에게 들었던 말을 기억하고 있다.

"여러분! 평일 하루 세 끼는 모두 회사에서 줍니다 휴일에는 다른 회사 전시회 가서 거기서 식사하세요 휴일에 쓰는 비용도 회사에서 드립니다. 그러면 여러분들은 돈을 쓰고 싶어도 쓸 수가 없을 거예요"

이 팀장은 이때 사장의 말 중 '돈을 얼마 버느냐가 아니라 얼마나 안 쓰느냐에 따라 저축의 양이 결정된다'는 이야기를 가슴 깊이 간직하고 있다. 먼저 저축 규모를 정한 뒤 남는 돈으로 생활하고, 회사 일에 몰입하면 절대 돈을 낭비할 수 없다는 이야기. 신입 때 들었을 땐 꼰대 중의 꼰대 같은 이 주장이 이젠 자신의 생활수칙이 되었다고 고백한다.

이 이야기는 메쎄이상의 문화를 잘 보여준다. 우리들은 회사를 하나의 공동체로 본다. 그 공동체를 유지하기 위해 올인한다. 나아가 회사는 구성원 모두의 미래를 책임지려고 한다. 왜냐하면 우리는 한 가족이라고 생각하기 때문이다.

메쎄이상 사람들은 더 밝은 미래를 위해 오늘 하루를 열심히 산다. 밝은 내일이 오면 이제까지 쌓은 성과물을 서로 나눈다. 이어서 더 나은 미래를 위해 오늘 또 최선을 다한다. 이것이 메쎄이상 경영정신의 요체이다.

다소 진부하게 들릴 수 있다. 어쩌면 옛날에는 맞지만 지금은 그렇지 않다고 생각할 수도 있다. 어떻게 보느냐에 따라 이러한 생각을 꼰대 문화라고 할 수 있다. 하지만 우리는 꼰대 소리를 들어도 필요한 생각을 철회하지 않는다.

꼰대 소리 듣기 딱 좋은 이런 문화가 MZ세대와 어떻게 조화를 이

룰 수 있을까? 공동체와 서로에 대한 책임을 강조하는 '꼰대 생각'에 90년대 이후 태어난 젊은 세대가 어떻게 공감할 수 있을까? 쉽지 않은 일이다. 우리 회사에도 해마다 MZ세대가 줄줄이 입사하고 있다. 심지어 작년에 들어온 직원 중에는 2001년생도 있다. 개발독재 시대에 태어나 자란 사람과 디지털 시대에 태어난 사람이 어떻게 멋진 조화를 이뤄낼 수 있을까? 이것은 우리 회사의 성공 여부를 결정하는 가장 중요한 열쇠이다.

● 결혼보다 '즐거운 동거'

메쎄이상은 MZ세대가 전체 직원의 70%를 넘는다. 그중에서 여성 인력 비중이 60%이다. 그렇다면 개인주의가 당연한 MZ세대와 꼰대 같은 50대 이상 경영진으로 이뤄진 우리 회사는 공존과 공생을 위해 어떻게 노력하고 있을까?

우리 회사는 '회사와 직원은 하나의 몸'이라는 생각을 강요하지 않으려고 주의한다. 회사가 잘되어야 개인이 성공할 수 있다고 주장하지도 않는다. 이런 식상한 주장은 이미 먹히지 않음을 잘 알고 있기 때문이다. 하지만 모여서 일하는 모든 사람에게는 협력이 필요하다. 공동체를 생각하는 마음가짐도 필요하다. 이와 같은 딜레마에서 우리들이 찾은 해답은 '동거'라는 개념이다.

종전까지 기성세대들은 회사와 직원을 하나로 묶치게 하려고 노력했다. 비유하자면 회사는 직원에게 '결혼해서 아기를 낳고 함께 미래를 꿈꾸자'는 식으로 설득했다. 평생직장을 선(善)으로 받아들이고 평생 함께하자는 논리였다. 그렇기 때문에 혹시라도 핵심인력이 회사를 떠나면 섭섭함이 머리를 짓눌렀다. 어떨 때는 밀려오는 배신감 때문에 잠을 이루지 못하기도 했다. 줄 것 다 줬는데 느닷없이 이혼당하는 기분이었기 때문이다.

하지만 우리 회사 임원들은 생각을 바꿨다. '결혼'보다는 '동거'가 좋을 것 같다고 여겼다. '동거'는 '결혼'과 어떻게 다를까? 먼저 동거는 결혼보다 쉽게 만날 수 있다. 서로 호감을 느끼고 좋은 사람이라고 생각하면 어렵지 않게 동거를 시작할 수 있다.

그런데 동거는 오래가기 힘들다. 같이 사는 사람과 계속 동거하려면 계속해서 상대방을 행복하게 해 주어야 한다. 동거인은 언제든지 다른 사람과 사랑에 빠질 수 있기 때문에 항상 상대방에게 주파수를 맞춰 잘 해주어야 한다.

좀 더 불편하게 말해보자. 상대방을 좋아하는 누군가가 생기면 그 사람보다 내가 더 나은 파트너라는 것을 동거인에게 입증해야 한다. 그래야 동거인이 나를 떠나지 않기 때문이다. 동거 관계 속의 두 사람은 결혼 후 혼인신고를 끝낸 사람처럼 가족관계증명서로 관계를 유지할 수 없다. 또한 동거하는 두 사람은 서로 사랑해서 낳은 자녀도 없다. 서로의 사랑 이외에 두 사람 사이를 존속시키는 어떤 변수도 없다. 상대방이 나를 떠나지 않도록 하기 위해, 다른 사람보다 내가 더 매력적임을 상대방에게 강조하면서 살아가는 것이 동거이다.

그럼에도 불구하고 언제든 상대방이 나보다 더 나은 사람을 만나 떠난다면 어쩔 수 없다. 내가 해 줄 수 있는 한도를 넘어서는 요구를 한다면 놓아주는 것이 바람직하다. 대신 나 역시 새로운 동거 대상을 만나면 그만이다. 이것이 바로 결혼과는 다른 동거의 방정식이다.

메쎄이상은 직원들에게 '결혼하자'고 졸라대지 않는다. 결혼하지 않을 거면 헤어지자고 안달하지도 않는다. 완전 자유경쟁시장 속에서 직원들은 끊임없이 다른 회사와 우리 회사를 비교한다. 그 과정에서 더 좋은 직장을 선택하려 한다. 회사도 마찬가지이다. 그 직원이 떠나지 않도록 하기 위해 최선을 다한다. 교육프로그램도 만들어보고, 해외출장 프로그램도 운영한다. 그래도 떠나겠다면 회사는 '쿨(cool)'하게 다른 사람을 찾아 그 사람과 또 다른 삶을 살아간다.

사실 전시업은 매우 힘든 사업 중 하나이다. 아무 것도 없는 전시장에 부스를 하나둘 채우고, 바이어를 초청해 매칭서비스를 해 주고, 참가업체로부터 감사 인사를 듣는 일. 이런 전시업은 매우 힘든 일이지만 설레고 중독성이 강한 일이다. 한번 빠지면 다른 일은 시시해서 하기 싫어질 정도이다. 그렇기 때문에 전시회라는 일은 이 일을 잘 알고 좋아하는 사람이 지원한다.

이와 같은 전시업계에서 우리 회사가 1등을 하려면 직원들에게 업계 최고의 대우를 해야 한다. 아름다운 동거를 위해 우리 회사는 직원에게 많은 기회를 주고, 동일한 전시주최업계에서 '최고 수준의 대우'를 해 주어야 한다고 생각한다. 중간에 다른 회사의 유혹이 있더라도 그들보다 우리가 낫다는 사신은 입증해야 한다. 이를 위해 메쎄이상은 나름 최선을 다해 연봉 인상, 인센티브 등의 정책을 실행하고 있다.

'즐거운 동거'를 위해 우리 회사가 실천하는 일이 하나 더 있다. 바로 일과 휴식의 명확한 분리이다. 전시회를 주최하는 일은 중독성이 강할 정도로 매력적인 면이 있지만 일은 매우 고되다. 전시회가 임박해질수록 업무 강도는 엄청나게 높아진다. 특히 마감시간이 정해져 있다는 것은 매우 위협적인 근무환경이다. 전시회를 준비하려면 제한된 시간 내에 장치를 마쳐야 하고, 최대한 많은 바이어를 초청해야 한다. 그렇기 때문에 전시회가 끝난 뒤에는 약간의 허탈함을 느낄 수 있다. 그때 우리 회사는 동거인을 위해 최대한의 휴식을 제공한다.

일과 휴식의 명확한 구분, 여름과 겨울 두 번에 걸친 긴 휴가. 힘들긴 하지만 하고 나면 보람이 있고, 재충전할 수 있는 휴식의 시간을 보장하는 것. 업무 강도는 높지만 보상은 업계 최고로 해 주는 것. 이것이 메쎄이상이 지향하는 MZ세대와의 '즐거운 동거'이다.

2020 코베 목표/계획

36억

- 이세먼지 특별전
  6-8월

- 주운동 3회 이상
  (최소 30분)

건강

효율성과

신규업체
신규업체 유치하기

회식은 짧게
10시까지 마시는걸 1차 끝나는 가게 까지

IT, 디자인 팀구

똑똑한 인재

외인구단 DNA

'지금 가장 고민하고 있는 이슈는 무엇인가?'

미국의 비영리 경제조사기관 콘퍼런스 보드(Conference Board)가 전 세계 CEO 600명에게 물었다. 조사 결과 가장 많은 CEO의 고민거리는 '최고급 인재 확보'였다. 이어서 혁신, 고객관리, 사업운영 효율성의 순서로 많은 응답이 나왔다.

어떤 곳이든 회사는 사람이 일을 하는 곳이다. 그래서 훌륭한 사람, 최고급 인재 확보가 회사에서는 가장 중요하다. 고(故) 이건희 삼성그룹 회장은 천재 한 명이 직원 1만 명을 먹여 살린다는 '천재경영'을 강하게 주장했다. 정말 맞는 이야기다. 모든 회사는 사람이 중심이며, 사람들을 움직이는 건 소수의 핵심인재이기 때문이다.

● 최고급 인재를 찾아서

그렇다면 최고급 인재, 핵심인재는 어떤 사람인가? 그 사람을 어디서 만날 수 있을까? 어떻게 선발할 수 있을까? 삼성전자와 애플과 같은 글로벌 기업은 엄청난 연봉으로 보상을 해 주면서 이런 인재들을 확보한다. 그러나 보상이 대기업보다 못한 대부분의 중소기업과 벤처기업은 핵심인재를 찾기도 힘들고, 찾더라도 한 식구로 만들기는 더 힘들다. 우리 회사 역시 이런 사람들이 우리와 한배를 타도록 만들기 위해 부단히 노력했다.

우리들이 스타트업으로 이상네트웍스를 처음 시작한 건 꽃샘추위가 매섭던 2000년 3월. 그보다 2년 전부터 불기 시작한 벤처 열풍이 광풍이 되어 대한민국 전역을 휩쓸 때였다. 네이버, 한게임, 인터파크 같은 회사들도 모두 그때 시작했다. 우리의 첫 비즈니스 모델은 철강 B2B 전자상거래. 우리는 미국 이스틸닷컴(e-steel.com)을 모델 삼아 벤처기업을 시작했다.

이스틸닷컴은 글로벌 철강 거래 중개 사이트였는데 이미 천문학적인 금액의 투자를 받아 벤처의 신화로 평가받고 있었다. 우리도 이 회사처럼 글로벌 철강 거래를 전자상거래로 실현하겠다는 큰 포부를 품고 사업을 시작했다.

그때까지 철강산업은 전자상거래가 불가능하다고 여겨졌다. 거래 단계가 너무 많은 데다, 특히 최종소비자로 갈수록 거래해야 하는 제품 종류가 점점 더 많아졌기 때문이다. 하지만 우리는 이 난관을 돌파

하기 위해 독특한 데이터베이스 기술인 '조합형 데이터베이스'를 개발해 특허까지 받아냈다. 그리고 이를 기반으로 철강 B2B 전자상거래를 시작했다.

● 언론은 주목하지만
   인재는 외면하는 회사

투자자들은 처음부터 우리의 비즈니스 모델에 큰 관심을 보였다. 그도 그럴 것이 2000년 당시까지 글로벌 철강거래에는 8%의 관세가 존재했는데, 2004년부터는 WTO체제하에서 무관세 시대 개막을 눈앞에 두고 있었다. 무관세 시대가 열리면 글로벌 B2B 시장 규모는 엄청나게 커질 것이라는 장밋빛 예측이 많았다.

이에 따라 우리 회사는 출범과 동시에 소프트뱅크 코리아로부터 500만 달러의 투자를 받았다. 언론도 촉망받는 스타트업인 이상네트웍스를 주목했다. 비즈니스 모델이 우수하기도 했지만, 무엇보다 소프트뱅크로부터 거액의 투자를 받았다는 사실이 더 매혹적이었을 것이다.

그때 소프트뱅크의 손정의 회장은 벤처 투자의 신화였다. 2000년, 손 회장이 한국에 투자회사를 설립하자 사람들은 그가 어느 벤처기업에 투자할 것인지 예의주시했다. 그런데 바로 우리 회사가 손 회장의 낙점을 받은 것이다. 그것도 출범한 지 두 달 만에 회사가치를 250억 원으로 평가받아 50억 원을 투자받았다. 지금 생각하면 믿기지 않는 전설 같은 이야기다.

손정의 회장의 투자를 받은 이상네트웍스는 수많은 언론의 스포트라이트를 받는 회사가 되었다. 그러자 훌륭한 인재들이 너도나도 우리 회사로 몰려들었을까? 전혀 그렇지 않았다. 촉망받는 벤처기업이었지만 인력난은 여전히 우리를 옥죄었다. 특히 IT 개발자가 있어야 시스템을 개발할 수 있는데, 개발자 구하기는 하늘의 별 따기만큼 힘들었다.

목마른 사람이 우물을 파는 법. 우리는 인재를 구하기 위해 직접 사람을 찾아 나섰다. 삼성SDS 멀티캠퍼스나 이와 비슷한 교육기관을 찾아가 학생 대표들에게 인재 추천을 부탁했다. 그러면 학생 대표는 우리 회사의 구인정보를 교실 칠판에 적어 전달을 해 줬다. 지금 생각해보면 고전영화의 한 장면 같은 이야기이다.

이런 방법을 써서라도 좋은 인재를 모을 수 있었다면 얼마나 좋았을까? 하지만 여전히 인재난은 해결되지 않았다. 발품을 팔아 여러 교육기관을 돌아다니며 추천을 받았지만, 어지간하면 들어봤을 법한 대학교 졸업자는 단 한 명도 지원하지 않았다. 컴퓨터공학을 전공한 지원자도 거의 없었다. 처음 들어보는 대학 출신, IT와는 무관한 전공 출신, 비학위 교육기관에서 IT 개발 단기 코스를 수료한 사람들만 우리 회사 문을 두드렸다.

영업직도 상황은 별반 다르지 않았다. 특히 남자 직원을 채용하는 일이 힘들었다. 요즘은 여성이 50% 이상을 차지해 공정경쟁의 시대가 되었다는 느낌은 반기도 하지만, 그때만 해도, 모든 회사는 남성을 선호했다. 여성은 구색을 맞추거나 정말 월등할 때만 뽑는 정도였다. 학점이나 어학점수 같은 기준만 보면 여성이 절반 이상 차지할 수 있었지만 정성 평가라는 '합법적인 편법'을 이용해 남성 위주로 채용했다.

하지만 우리는 역발상을 했다. 남성 우대의 관례를 깨고 '공정경쟁'을 통해 선발하기 시작했다. 솔직히 선구자적 젠더(gender) 감수성이 출중해서는 아니었다. 하지만 좋은 인재를 확보하고자 하는 열정, 그리고 우리부터라도 공정한 채용을 시작한다는 의지는 가득했다. 이를 위해 다른 어떤 것도 고려하지 않고 오직 능력만을 기준으로 인터뷰를 통해 인재를 선발했다. 이런 시도는 인재난에 허덕이던 우리들의 숨통을 틔워 주었다. 한 명 한 명, 진흙 속의 진주 같은 인재들이 합류하기 시작했다.

● 영롱한 보석이 된
   '쓰레기봉투'를 닮은 직원

어느 날 한 여성이 면접전형에 참여했다. 유명한 국내 대학 법학과 출신이었다. 또렷한 눈빛과 야무진 대답만 봐도 '똑소리'가 났다. 그러나 경력이 전혀 없었다. 게다가 나이는 29세로 다른 신입 지원자들보다 훨씬 많았다. 몇 년 동안 사법시험을 준비했지만 계획대로 되지 않자 일반 회사로 진로를 선회한 경우였다. 하지만 취업 역시 뜻대로 되지 않는 상황이었다. 면접장에서 그녀는 집 밖에 버려진 쓰레기봉투가 자신의 모습과 닮았다고 이야기했다.

"스스로 생각할 때 제 모습이 참 초라합니다. 담벼락에 놓여 있는 쓰레기봉투처럼 누구도 필요로 하지 않고, 아무도 반겨주지 않는 대상이 되어 버렸다는 생각에 마음이 답답합니다."

진솔한 고백과 함께 그녀는 다시 시작할 수 있는 기회를 달라고 간절히 이야기했다. 자신에 대한 평가엔 냉정한 후회가 가득했지만, 그 속에 역설처럼 담긴 당찬 모습이 마음에 들었다. 그녀의 당참이 살아 있는 눈빛으로, 가혹한 자기 평가로, 또한 지금 모습을 벗어나고자 하는 열망으로 나타나고 있었기 때문이다.

경영진의 판단은 옳았다. 이 직원은 입사 후 훌륭한 역량을 발휘해 우리 회사의 핵심으로 성장했다. 신용보증기금과 은행 같은 파트너 회사와의 협업에 있어 금융상품 개발과 시스템 설계를 주도했다. 동기 중 승진도 가장 빠르게 했다. IT와 거리가 먼 사법고시생 출신에 사이트 개발을 한 번도 해 본 적 없지만 그녀는 맡은 일을 통해 빠르게 실력을 쌓았다. 나중에는 비즈니스 모델을 설계하고 시스템화하는 전자상거래사업부의 브레인이 되었다.

2008년 어느 날 그녀는 "대표님. 우리나라에도 로스쿨 제도가 생겼습니다. 어렸을 때의 꿈을 한 번 이루고 싶습니다. 퇴사하고 로스쿨에 들어가고자 합니다"라는 말을 남기고 퇴사했다. 그녀는 이후 로스쿨 제도을 통해 변호사시험에 합격, 판사로 2년 재지한 뒤 현재 잠나

가는 변호사가 되었다. 또한 우리 회사의 고문 변호사로 활동하고 있다. 자신을 쓰레기봉투에 비유했던 면접생은 몇 년 동안 우리 회사를 밝게 빛낸 뒤, 지금은 우리 사회의 보석 같은 인재가 되었다.

2002년경, 한 지인이 인재를 추천했다. 국내에서 석사학위를 취득한 후 독일에서 박사과정을 밟다 중단한 31세 남성이었다. 얼마 전 귀국해 새로운 출발을 준비하고 있었다.

"다시 시작하고 싶습니다. 기회를 주십시오."

회사 경험이 전무했지만 간절함이 담긴 그의 한 마디가 경영진의 가슴에 꽂혔다. 입사 후 이 직원은 다른 사람보다 항상 두 배 이상 일했다. 일주일에 사나흘씩 지방의 허름한 모텔에서 신용보증기금 지점들과 기업들을 찾아다니며 구석구석 영업을 했다. 혼신을 다하는 그 모습에 많은 사람들이 감동을 받았다. 심지어 신보 간부가 직접 회사 대표에게 전화를 걸어 이 직원의 승진을 부탁하기도 했다. 본인이 봐도 너무 열심히 한다는 것이 그 이유였다. 실제로 이 직원은 다른 직원들보다 빨리 승진했고, 자신이 그토록 염원하던 새로운 출발에 성공했다. 또한 모든 사람들에게 노력은 배반하지 않음을 입증했다.

우리 회사에는 이런 직원들이 꽤 있다. 사회생활 초반 잘못된 선택으로 큰 고생을 한 사람, 자신과 맞지 않은 길을 선택해 넘쳐흐르는 능력을 발휘하지 못하는 사람, 지금 가는 길이 자신의 길이 아님을 깨달았지만 아직 출구를 찾지 못한 사람들. 이들에게는 모두 출발은 늦었지만 가슴이 뜨겁다는 공통점이 있었다. 우리는 이런 성향을 '외인구단 DNA'라고 부른다. 소외받은 변방의 고수들, 상처 입은 은둔의 실력자들이 다시 모여 섬뜩한 파란을 일으키는 '공포의 외인구단'을 다짐하며 우리들은 이렇게 점점 더 뭉쳤다.

●   공포의 외인구단

메쎄이상 전시사업의 일등공신을 꼽으라면 K라는 직원이다. K는 현재 생활 터전을 미국으로 옮겨 제2의 인생을 살고 있다. 지방 사립대에서 컴퓨터공학을 전공한 그는 대학원 졸업 후 중소기업에서 IT 개발자로 일하고 있었다.

조원표 사장은 한국철강의 B2B 전자상거래 시스템 개발 프로젝트 입찰 때 그를 처음 만났다. 그는 프로젝트를 따기 위해 우리와 경쟁하던 다른 IT 회사의 팀장이었다. 제안 발표 후 한국철강 전산팀장이 조 사장을 찾아왔다. 발주처 팀장이 제안업체를 직접 방문하는 일은 매우 이례적이었다. '왜 온 걸까?' 하는 궁금증을 참으며 조 사장이 인사를 건네자 곧바로 상대방이 이야기했다.

"내부 논의 결과 제안사 중 모든 면에서 귀사가 더 낫다고 판단했습니다. 그런데 회사 규모가 큰 귀사의 서비스가 만족스러울지 의문입니다. 반면 경쟁사는 담당 팀장이 정말 믿음직하고 성실해 보입니다. 단단지만 보면 경쟁사를 선택할 텐데 회사규모가 너무 작아 걱정이네요. 회사의 경영상태도 너무 좋지 않아 믿고 맡길 수도 없습니다"

그러면서 그는 우리 회사가 경쟁사 담당팀장을 스카우트한 뒤, 이번 프로젝트를 맡아달라고 요청했다. 회사는 우리를, 담당자는 경쟁사 사람을 선택해서 프로젝트를 성공시키겠다는 '꿩 먹고 알 먹고' 전략이었다.

무척 황당한 주장이었다. 불쾌하기도 했다. 두 회사 중 한 곳을 선택하면 될 일을 자기들 욕심 때문에 남의 회사 인사문제까지 개입했다는 생각에 못마땅했다. 단칼에 거절하고 싶은 마음을 억누른 사장은 곰곰이 생각했다.

'어차피 우리 회사도 직원을 채용해야 하는 상황이고, 프로젝트를 수주함과 동시에 좋은 인재까지 얻으면 우리 역시 일거양득이겠네.'

이렇게 생각한 조 사장은 한국철강의 제안에 따라 경쟁사 팀장과 인터뷰를 진행했고, 결국 차분하고 진솔한 경쟁사 팀장은 우리와 한 식구가 되었다.

K는 그동안 작은 SI(system integrator) 업체에서 일하며 어려움이 많았던 것 같았다. 한꺼번에 커피믹스를 두세 봉지 타 먹는 걸로 점심을 때운 적도 있고, 월급이 늦게 나오는 일도 자주 있었다고 했다. 그래서인지 회사 구내식당에서 삼시 세끼를 다 준다는 얘기만으로도 우리 회사가 마음에 들었다고도 했다. 실제로 K의 근무태도는 간절했고 일을 대하는 자세 역시 남달랐다.

입사 후 계속 전자상거래 분야에서 일하던 K는 『경향하우징페어』를 인수한 직후 전시팀으로 파견되었다. 경향신문사에서 넘어온 직원들에게 우리 회사의 DNA를 알려주기 위해서였다. 이곳에서 K는 전시팀 업무를 시스템화하는 FMS 구축을 맡았다. 하지만 그가 주도해서 개발한 전시팀 시스템은 완벽한 실패였다. 경향신문사에서 넘어온 직원들이 배타적인 태도로 일관하며 제대로 설명해 주지 않았기 때문이다.

이런 상황에서 만들어진 시스템이 무용지물이 되는 것은 당연했다. 만들어진 시스템을 고치고 바꾸고, 심지어 다시 개발해 주었지만 전시팀 직원들은 이를 잘 사용하지 않았다. 만들고 써보고 고치고 다시 만드는 일을 반복해야 시스템의 완성도가 높아질 텐데 쓰지 않은 시스템은 항상 미완성일 수밖에 없었다.

끝나지 않을 것 같은 악순환을 끊어낸 사람이 다름 아닌 K였다. 경향신문사 출신 직원들이 거의 모두 나간 뒤, 우리는 K를 전시팀장으로 임명했다. 그때부터 우리의 전시사업은 차근차근 발전하기 시작했고, 이것이 우리가 전시업계의 판도를 흔드는 계기가 되었다고 확신한다.

사실 입사할 때 K는 2세 계획이 없다고 말했다. IT 개발업무를 하고 있는 여성과 가정을 이룬 그는 수입이 불규칙하기 때문에 아이를 낳아 키울 엄두를 내지 못한다고 했다. 하지만 우리 회사를 다니면서 K는 아이를 둘이나 낳았고 누구나 부러워하는 전시 전문가로 발전했다. K는 위태롭던 작은 회사의 인재가 외인구단에 들어와 우뚝 성장하는 모습을 많은 사람들에게 보여 줬다.

내기입처럼 좋은 대우를 해 줄 수도 없고, 잘 되면 더 많이 주겠다는 '후불식 리쿠르트'를 하다 보니 어쩔 수 없이 우리는 '외인구단 DNA'를 가진 사람을 찾게 되었다. 그리고 그런 직원들에게 또 다른 기회를 주면서 우리는 좋은 인재를 계속 찾을 수 있었다.

우리 회사는 얼마나 간절하게 일을 하고 싶어하는가를 가장 중요한 기준으로 삼아 인재를 선발한다. 우리는 서울 강남에 있는 고등학교를 졸업하고 유명한 대학을 나온 사람보다 지방 소도시 고등학교를 나오고 지방 삼류대학을 나온 사람을 더 선호한다. 작은 도시에서 농고 또는 공고를 졸업하고 전문대를 나온 사람을 우리는 더 좋아한다. 왜냐하면 그것이 사람을 잘 뽑을 확률, 즉 더 간절한 사람을 채용할 가능성을 높여 준다고 생각하기 때문이다.

회사 설립 직후인 2000년, 23세의 여성 P를 채용했다. 한국외대를 막 졸업한 영민한 인재였다. 다큐멘테이션과 프레젠테이션 자료를 매우 잘 만들었고 고객을 만나도 친절하고 재치 있었다. 이 직원이 고객사를 방문하고 나면 꼭 전화가 왔다.

"귀사는 연봉을 많이 주나 봐요? 어떻게 직원들이 모두 회사 오너 같아요?"

대학 졸업반일 때 입사한 P는 6년 후에 우리 회사가 코스닥 상장을 할 때 부장이었다. 당시 그녀의 나이는 29세. 1년 후인 30세 때는 이사로 승진해 알리바바닷컴 코리아 사업을 책임지기도 했다. 그녀가 담당하는 조직에는 자신보다 나이 많은 남성직원들이 항상 있었다. 나이에 비해 승진이 한참 빠르니 당연했다.

그즈음 회의를 할 때면 "오빠들 정말 너무한 거 아니에요?"라며 웃으면서 직원들의 공감을 이끌어 내고 추진력을 발휘하는 P의 모습이 자주 목격되었다. 어린 나이지만 몇 살씩 많은 남자 직원들을 유쾌하고 일할 맛 나게 지휘하는 모습을 보면서 역시 나이는 숫자에 불과함을 느끼기도 했다. P에게도 분명 외인구단 DNA가 있었다. 이런 인재들이 모여 우리 회사의 문화를 만들어 갔고, 그 힘으로 우리들은 조금씩 성장할 수 있었다.

● 　트리플 A

2020년 새해 첫날, 조원표 사장이 전 직원에게 메일을 보냈다.

사랑하고 존경하는 이상 가족 여러분.
작년 한 해 고생 많으셨습니다.
여러분의 노고와 열정에 경의와 찬사를 보냅니다.

2000년 B2B e마켓플레이스라는 생소한 분야에 스타트업으로 시작한 이래 20년이 지났습니다. 그동안 많은 성과를 이뤘습니다. B2B전자상거래 분야 최초로 코스닥 상장이라는 쾌거를 이루기도 했고, 경향하우징페어 인수로 전시산업에 진출한 이래 우리나라 최고의 전시주최 회사로 발전했습니다. 전시산업을 부스 임대사업이 아니라 IT 기반의 빅데이터사업으로 재해석하고, 마케팅을 세일즈와 분리하여 운영하는 창의적인 기업으로 평가받고 있습니다. 그 힘으로 연간 50회 전시회를 열어 국내 최고의 전시주최자라는 영광을 얻었습니다. 우리 이상 가족들은 하는 일마다 역사를 이루고 있는 것입니다. 모두 여러분들의 열정과 노력 덕분입니다.

특히 2020년은 우리에게, 더 나아가 한국 전시산업에게 '혁명의 해'입니다. 민간 전시주최자가 직접 전시장을 오픈하는 역사적인 해입니다. 첫째, 우리는 올해 7월 수원메쎄라는 전시장을 개막합니다. 비록 규모는 크지 않지만 가장 효율적이고 의미 있는 전시장이 될 것입니다. 둘째, 전시산업 업종으로는 국내 최초로 증권시장에 상장하는 회사가 탄생할 것입니다. 메쎄이상은 영국의 Informa와 Reed Exhibitions과 함께 전시사업자로서 증권시장에 상장할 것입니다. 지금보다 더 높은 가치로 상장할 것이며, 이를 통해 더 많은 자본을 끌어들여 글로벌 전시사업자로 발전하는 자양분으로 활용할 것입니다. 셋째, 메쎄이상이 제2의 중국이라고 불리는 인도 뉴델리에서 27만㎡ 규모의 전시장 IICC를 오픈하는 해가 바로 2020년입니다. 어느 것 하나 역사적인 사건이 아닌 게 없습니다. 우리는 이 세 가지를 모두 2020년에 시작합니다.

성공을 생각하면 가슴이 뛰고, 해야 할 일들을 떠올리면 머리가 하얘지고 가슴이 답답해지기도 합니다. 과연 잘할 수 있을까 하는 두려움이 밀려오는 것 또한 사실입니다. 우리 모두는 성공을 꿈꾸고 있습니다. 오늘보다 더 나은 내일을 기원하고 있습니다. 그러나 모두가 이 꿈을 이룰 수 있는 것은 아닙니다. 누구나 성공을 열망하지만 성공을 얻기 위한 노력을 하지 않거나 방법을 잘 모르는 경우가 많습니다. 저는 오늘 이 글을 통해 여러분의 리더로서, 우리 이상인의 선장으로서 우리가 앞으로의 20년을 준비하기 위한 키워드를 제시하고자 합니다. 우리 모두가 오늘보다 더 나은 내일을 맞이할 수 있기 위해 우리가 가져야 하는 '이상인 DNA'에 대해 말씀드리고자 합니다.

첫째는 Adaptability, 적응력입니다. 세상에서 가장 오래 살아남는 종족은 가장 강한 종족도 아니고 가장 영리한 종족도 아닙니다. 주어진 환경에 가장 잘 적응하는 종족입니다. 우리가 사는 세상은 너무나 빨리 변합니다. 언제는 인터넷 세상이라더니 갑자기 모바일 세상으로 변했다고 하고, 또 얼마 지나지 않아 AI와 빅데이터 세상이라고 합니다. 우리가 배운 지식은 너무나 빨리 무력해지고 구식으로 변하고 있습니다. 그러나 우리는 어떠한 환경이 다가오더라도 적응하고 살아남아야 합니다. 내가 먼저 시대정신을 만들고 찾아내지는 못해도 다가오는 환경에 가장 빨리 가장 적극적으로 적응해야 한다고 생각합니다. 이를 위해 신문물에 대한 오픈마인드가 필요하고 새로운 지식에 대한 적극적인 학습이 필요한 것입니다. 그것이 적응력입니다.

둘째, Action-oriented, 추진력, 실행중심주의입니다.

우리는 철학자도 비평가도 아닙니다. 우리는 기업입니다. 행동하지 않고 실천하지 않으면 모든 것은 허무한 잡담에 불과합니다. '사색적인 문제의식'도 중요하지만 실천이 담보되지 않으면 모든 일이 허상입니다. 4차 혁명시대의 많은 요소들을 인식하는 것이 중요한 것이 아니라 그 내용을 우리 사업에 가장 적절한 방법으로 가장 빨리 실천하는 것이 중요합니다. 실천하지 않는 것은 후회로 밖에 우리에게 돌아오지 않습니다. 누가 성공하면 '나도 생각했던 일'이라고 말하는 것보다 자신을 비하하는 말은 없습니다.

셋째는 Always Hungry, 끊임없는 도전정신입니다.

누구나 성공을 꿈꿉니다. 누구나 처음에는 열심히 하려고 합니다. 그러나 많은 사람들은 오래 지속하지 못합니다. 또 작은 성공을 이루고 나면 바로 만족하고 열망과 갈망이 없어집니다. 편안함을 추구하고 안주하고자 합니다. 더 나은 갈망을 하기 위해 치러야 하는 노력이라는 비용을 피하고 싶기 때문이지요. 우리에겐 작은 성공을 이루더라도 또 다른 배고픔으로 새 일에 도전하는 도전정신이 필요합니다. 그러기 위해 여러분들은 항상 눈을 크게 뜨고 더

넓은 세상을 보아야 합니다. 주변 친구가 아니라 우리나라 전체를 보고, 해외로 눈을 돌려야 합니다. 우리의 경쟁사는 한국 전시기업이 아닙니다. Reed, Informa, 메쎄 프랑크푸르트 등 글로벌 기업들과 경쟁해야 합니다. 회사도 여러분의 더 큰 도전을 위해 해외연수와 교육 등 더 많은 기회를 드리려고 노력하겠습니다.

사랑하고 존경하는 이상 가족 여러분!

머리가 좋기로 유명한 한국인과 중국인들이 왜 미국 실리콘밸리에서 인도인에게 밀리는 걸까요? 구글의 모기업인 알파벳의 CEO인 순다르 피차이, MS의 CEO 사티아 나델라, Adobe CEO인 샨타누 나라옌 등 수없이 많은 글로벌 기업의 최고경영자들이 왜 인도계 인재들일까요?

이들은 불평등이 심각하고 경쟁이 치열한 인도에서 살고 교육받으면서 항상 'Action-oriented'하고 'Always hungry'한 태도가 몸에 배어 있기 때문이라고 합니다. 게다가 100km만 가면 서로 다른 언어와 종교를 갖고 있는 이질적인 인종과 함께 살아야 하기 때문에 다른 문화에 대한 적응력이 몸에 체화(體化)되어 있다고 합니다. 세상에서 가장 가난하고 빈부격차가 심한 나라 인도에서 자라고 교육받은 인재들이 전 세계의 리더로 성장하는 것을 보면 이 사람들의 특성이 우리가 가져야 하는 자질이 아닐까 생각합니다.

오늘보다 더 나은 내일을 꿈꾸는 이상 가족 여러분. 새해를 맞아 새로운 20년을 맞이하며 글로벌 기업 '이상'의 주인이 되고자 하는 여러분.

'이상인의 DNA' = '트리플 A'입니다.

Adaptability | Action-oriented | Always hungry

새해 더욱 건강하고 건승하시고 행복하시길 바랍니다.

감사합니다.

여러분의 친구 조원표 올림

십수 년 전부터 조 사장은 외인구단의 속성을 정확히 정의하고자 힘썼다. 그 노력의 결과로 집대성한 것이 '트리플 A'라고 부르는 'AAA'이다. 우리 회사가 20년 이상 사업을 영위하면서 찾아낸 임직원 한 사람 한 사람의 공통된 특성, 나아가 구성원 모두가 함께 지향하는 가치를 'AAA'로 집약했다. 요컨대 외인구단이 갖고 있는 DNA, 외인구단 메쎄이상이 계속해서 품어야 할 DNA가 바로 'AAA'이다.

이때부터 우리들은 출입문과 엘리베이터를 비롯한 회사 곳곳을 AAA를 나타내는 이미지와 글귀를 가득 채웠다. 또한 AAA를 가슴에 새기고 온몸으로 실천하기 위해 다 함께 노력하고 있다.

● 현장에서 실천하는 우리들의 AAA

크고 작은 일을 처리할 때마다 '트리플 A' DNA를 실천하고자 하는 우리들의 노력은 계속되었다. 그중에서도 AAA를 잘 보여주는 일이 있었다. 코로나19가 어느 정도 잡혀가는 듯하던 2021년 7월 초, 우리는 변함없이 어렵지만 우직하게 전시회를 열고 있었다.

그런데 이때 갑자기 또 한번의 사이렌이 들려왔다. 정부가 '사회적 거리두기 4단계' 적용을 발표한 것이다. 하루 확진자가 1,300명을 넘어서는 등 코로나19 팬데믹 이후 최고 수준의 확진자 증가세를 보이자 관계당국은 최고단계의 사회적 거리두기를 발령했다. 3단계가 적정한 정도였으나 정부는 단효한 조치를 선제적으로 펼쳤다

이 발표가 있기 전까지는 '사회적 거리두기 2단계'였기 때문에 우리는 조심스럽게 전시회를 계속 운영하고 있었다. 그런데 느닷없이 3단계를 건너뛴 채 곧바로 4단계가 발령된 것이다. 국민들은 모두 패닉에 빠졌고 사회는 공포 분위기에 휩싸였다. 식당이나 카페에서는 오후 6시까지는 4명만, 그 이후에는 겨우 2명만 모일 수 있었다. 사실상 모이지 말라는 것이었다. 게다가 종교행사는 모두 비대면으로 해야 했고, 결혼식과 장례식은 49명까지만 모일 수 있었다. 말 그대로 꼼짝 말고 집에 있으라는 경고였다.

이때 우리는 8월 첫째 주와 둘째 주에 코엑스에서 열릴 전시회 준비에 여념이 없었다. 첫째 주는 『핸드아티코리아』와 『케이펫페어』, 둘째 주는 『코리아빌드』와 『호텔페어』가 열리는 일정이었다. 불안한 환경 속에서도 열심히 꾸려왔는데 개최를 3주 정도 앞둔 시점에 또다시 날벼락을 맞은 것이다.

먼저 진행될 예정이던 『핸드아티코리아』 전시회부터 참가기업들의 신청 취소가 연달았다. 정부 발표가 나자마자 127개 사 162개 부스가 취소를 통보해 왔다. 가뜩이나 코로나19로 인해 전시참가 부스가 2019년 대비 70%에 불과했는데 여기서 더 빠진 것이다. 이어서 양주시와 평택시 문화재단 등의 공공기관이 앞다퉈 취소했고, 일반 작가들의 취소까지 이어졌다. 결과적으로 전시회 규모는 2019년의 절반 정도로 줄어들었다.

그러나 아직 우리에게는 266개 사 455부스라는 참가업체가 남아 있었다. 대부분 메쎄이상을 믿고 참가한다는 회사들이었다. 우리 회사의 방역정책을 믿는다는 곳도 있었고, 메쎄이상은 어떠한 경우라도 관람객을 많이 모을 것이라는 확신이 있기 때문에 참가를 결정한 회사도 있었다.

우리는 전시회를 준비하는 한편 참가를 결정한 회사 관계자들에게 '관람객은 많이 올 것'이라는 확신을 계속 심어 주었다. 그러나 우리 역시 앞이 캄캄했다. 전시회 참가기업과 쌓아 온 신뢰와 관람객 모집은 별개의 문제였다. 한번도 경험하지 못한 '사회적 거리두기 4단계' 자체가 끔찍한 공포로 엄습했다. 오후 6시 이후에는 2명 이상 모이는 것이 불법이었으니 일반 국민들의 공포감은 오죽했을까.

전시회를 2주 남겨 놓은 시점까지 사전등록자는 거의 없었다. 보통 이 시기가 되면 사전등록자가 2만 명은 넘어야 했다. 물론 사전등록을 하지 않고 당일 현장에서 등록하며 참가하는 관람객도 절반 정도는 되지만, 사전등록자가 적다는 것은 곧 현장등록도 적다는 징후였기에 땅이 꺼질 듯한 우리들의 한숨 소리가 자꾸만 커져 갔다.

만약 관람객 모집에 실패한다면 이후 전시회 진행은 어려울 것이 분명했다. 코로나19 속에서도 전시장은 안전하며 진성 바이어는 반드시 온다고 홍보하면서 전시회를 유지했는데, 4단계에서는 메쎄이상 역시 속수무책임을 자인하는 꼴이 되는 것이다.

7월 26일 아침 7시 반. 부사장 두 명이 걱정된 표정으로 조원표 사장 곁에 앉아 있었다. 조 사장 역시 침울한 눈빛으로 두 사람을 쳐다봤다. 열심히 마케팅을 하고 있지만 사전등록자가 너무 적은 상황. 우리를 믿고 취소하지 않은 참가업체에게 관람객 없는 썰렁한 전시회를 경험하게 하고 싶진 않지만 도무지 뾰족한 수가 보이지 않는 위기. 한참의 침묵을 깨고 김기배 부사장이 조심스럽게 말을 꺼냈다.

"모든 임직원들이 각자 지인을 몇 명씩이라도 데리고 오면 어떨까요? 어려운 시기, 다시 한번 우리들의 힘을 한데로 모아 보시죠."

조 사장은 말없이 김 부사장의 말을 듣기만 했다. 이윽고 옆 자리 이상택 부사장이 고개를 갸우뚱하며 입을 뗐다.

"저 역시 김 부사장님 의견이 지금 상황에선 유일한 고육책(苦肉策)이라고 생각합니다. 하지만 코로나19 상황에서 전시회를 끌고 가는 직원들에게 너무 큰 부담을 줄 수 있습니다. 성공하면 성공하는 대로 앞으로도 계속 이렇게 해야 하나 걱정할 것이고, 실패하면 실패하는 대로 경영진의 무리수 때문에 직원들과의 신뢰가 깨질 수 있습니다."

두 의견 모두 맞는 말이었다. 조 사장은 아무 대답 없이 사장실을 먼저 나와 회의실로 올라갔다. 부사장 두 명도 뒤이어 자리를 옮겼다. 8시부터 시작하는 팀장 회의를 주재하기 위해서였다. 팀장 회의를 마치기 전, 조 사장이 입을 열었다.

"지금 우리는 거리두기 4단계로 인해 다시 위기를 맞았습니다. 10일 뒤 열리는 핸드아티코리아, 그 1주일 후 열리는 코리아빌드 모두 큰일입니다. 이번에 두 전시회를 취소하면 1년 반 동안 힘들게 개최해 온 전시회가 앞으로 계속 문을 닫게 될 것입니다."

두 부사장과 팀장들은 모두 숨죽인 채 조 사장이 그다음 무슨 말을 할까 집중했다.

"하지만 더 이상 퇴로는 없습니다. 우리 다시 한번 기적을 만들어봅시다. 우리 메쎄이상 직원이 90명입니다. 각자 10명씩 지인을 초청합시다. 그렇게 해서 우리부터 관람객을 1,000명만 모읍시다."

조 사장은 이 일을 '1천 명 초청 프로젝트'라고 명명했다. 그리고 이 프로젝트에 성공하면 우리들의 가슴 속에는 하면 된다는 자신감이 다시 솟아날 것이라고 강조했다. 거리두기 4단계에서 한 사람이 10명씩 초청하는 것은 쉽지 않겠지만, 그래도 가장 가까운 가족과 친구들에게 도움을 구하면 불가능하지만은 않을 것이라고 이야기했다.

부사장 두 명에게 먼저 말하지 않은 채, 조 사장은 팀장 회의를 통해 자신이 내린 결정을 곧바로 공식 발표했다. 회의실에서 나온 세 명의 경영진은 세부적인 의견을 다시 논의하기 시작했다.

하기로 결정했으니 반드시 성공해야 했다. 세 사람의 아이디어가 하나둘씩 이어졌다. 이상택 부사장은 의무감으로 하기보다 게임을 하듯 재미있게 진행하자고 주장했다. 이 부사장이 지적한 우려를 예방하기 위함이었다.

1인당 가장 많은 관람객을 모은 팀을 선정해 1위 팀에겐 200만 원의 상금을 지급하자는 등의 아이디어가 나왔다. 개인별로도 시상하기로 했다. 관람객을 가장 많이 모은 직원 10명에게는 등수에 따라 백화점 상품권부터 커피 상품권까지 차등 지급하기로 했다. 신속하게 이 내용을 정리해 전 직원에게 공지했다. 회사가 직원들에게 미안한 부탁을 한다는 진심을 어떻게든 전달해야 한다고 생각했다.

1천 명 초청 프로젝트의 화룡점정은 개인별 QR 초청장이었다. 정보전략실 L 이사가 프로젝트를 하기로 결정한 바로 그날 만들어 왔다. 누가 누구를 초청했는지 확인하려면 개인별 QR 초청장이 필요했다. 새로운 시도를 실행하기 위한 솔루션을 바로 그날 만들어내는 힘. IT 회사를 지향하는 전시회사이기에 가능한 순발력과 추진력이었다. 이때부터 우리들은 곧장 카카오톡 프로필 사진을 전시회 QR 초청장으로 바꾸기 시작했고, 모든 임직원은 주변 사람들에게 전시회 참가를 부지런히 권유했다.

프로젝트 성공을 위한 방안은 하나 더 있었다. 방문객 전원에게 5,000원 상품권을 지급하기로 했다. 방문한 지인들에게는 내방에 대한 감사의 의미였고, 참가기업에게는 구매 촉진을 돕는 주최사의 정성이었다.

● 1천 명 초청 프로젝트

우리들은 이상네트웍스에도 동참을 요청했다. 조 사장은 이상네트웍스 K 상무에게 프로젝트의 취지를 소개하며 협조를 구했고 K 상무는 한 명이 아쉬운 상황에서 적극 참여하겠다고 화답했다. 이때부터 이상네트웍스 직원 50명도 프로젝트에 동참했다.

이후 우리 모두는 힘은 들었지만 서로 경쟁하듯 재미있게 일주일을 보냈다. 직원들의 노력은 정말 아름다웠다. 거의 모든 직원들이 가족과 친구를 초청했다. 고객들에게 별도의 선물을 더 드린다는 내용으로 초청장을 보내는 직원들도 있었다.

K 상무는 광활한 개인 네트워크를 활용해 프로젝트를 도왔다. 영화배우와 인플루언서 등의 개인 블로그, 유튜브 인기 채널 운영자에게 QR 초청장을 소개했고 직접 해당 사이트에 초청장을 올리기도 했다. 코베를 담당하는 Y 이사는 행사기간 내내 베이비페어 업체 담당자 미팅을 코엑스에서 진행했다. 베이비 업체들은 펫 산업으로 확장할 생각이 많기 때문에 관심도가 높다는 게 Y 이사의 설명이었다. 그의 의도대로 미팅을 끝낸 담당자들은 자연스럽게 전시회에 참여했다.

게다가 Y 이사는 전시회 홍보를 위해 당근마켓까지 활용했다. 지역 기반 플랫폼인 당근마켓은 물품을 등록할 때 자신이 위치하고 있는 지역을 벗어날 수 없다. 때문에 그는 토요일 새벽부터 오전 내내 차를 몰고 인천 청라, 서울 강남 등 수도권 곳곳을 여덟 군데나 돌아다니며 그 지리에서 QR 초청장을 당근마켓에 올렸다. 정말 정성 어린 노력이었다. 이 소식이 알려지자 많은 직원들이 Y 이사의 대장정에 찬사를 보냈다.

이상네트웍스 직원들의 참여도 엄청났다. K 상무가 동참을 요청한 다음날부터 고맙고 반가운 소식이 줄줄이 이어졌다. 협력기관인 신용보증기금, 기업은행 직원용 인트라넷에 『핸드아티코리아』 QR 초청장이 등재되었다. 이상네트웍스 직원의 부탁으로 이들 회사에서 '주말에 놀러오세요'라는 제목으로 QR 초청장을 올리자 많은 사람들이 관심을 보였다.

이 소식이 알려지자 매우 좋은 아이디어라는 소리가 여기저기에서 나오기 시작했다. 다음날에는 치안박람회를 함께하는 경찰청, 펫전시회를 함께하는 펫사료산업협회 등의 홈페이지에 우리의 초청장이 게시되었다. 아무래도 직원들만 들어올 수 있는 폐쇄된 온라인 공간에 신뢰할 만하고 흥미로운 정보가 올라오자 많은 사람들이 호응을 했던 것 같다.

박진감 넘치는 경주처럼 이어진 열흘간의 프로젝트가 끝난 뒤 드디어 전시회 게이트를 열었다. 결과는 대박이었다. 메쎄이상과 이상네트웍스 두 회사 임직원 150명이 초청한 관람객 수는 무려 3,544명. 직원 한 명당 대략 24명씩 초청한 셈이었다. 이는 전체 관람객 약 1만 2,400명의 28.6%를 차지하는 수치였다.

팀별 경연 1위는 코베팀이었다. 10명의 팀원이 모두 650명이나 되는 관람객을 모았다. 인당 관람객수는 65명, 정말 믿기지 않는 숫자였다. 2위는 이상네트웍스 EC사업부로 총 860명을 초청했으며 직원한 명당 관람객수는 57.3명이었다. 3위는 인당 평균 28.4명을 초청한 경영전략실이 차지했다.

개인 1위의 영예는 Y 이사가 안았다. 마지막까지 Y 이사와 K 상무가 엎치락뒤치락 했지만 마지막 주말에 Y 이사가 뒤집기에 성공했다. 420명을 초청한 Y 이사가 1등, 340명을 모은 K 상무가 2등이 되었다. 10명 이상을 초청해 커피 상품권을 받은 직원만 해도 무려 58명이나 되었다. 부담을 주지 않으려 했으나 부담되지 않을 수 없는 프로젝트에 임직원 모두가 진심을 다해 호응해 주었다.

75명을 초청한 이상택 부사장과 72명을 초청한 김기배 부사장은 각각 7위와 9위를 차지했다. 두 사람 모두 10위 안에 들어 정말 다행이라며 안도의 한숨을 쉬었다. 부사장들은 자신들이 먼저 제안해 놓고 체면을 구기면 어떻게 하나 걱정했다는 후일담을 고백했다. 하지만 두 명 모두 솔선수범에 성공했고 무거운 책임을 잘 감당했다.

●   AAA로 만들어낸 3,500명의 관람객

김기배 부사장은 적어도 조원표 사장보다는 많이 초청해야 될 것 같아 열심히 했다고 한다. 대학 다니는 딸에게 친구 한 명 데려오면 2만 원을 주겠다고 해서 12만 원, 방문한 조카 서너 명에게 10만 원씩, 우리 회사 급식업체 담당자가 데려온 영양사 30명에게 쏜 커피 쿠폰까지…… 유치비용을 100만 원이나 썼지만 그래두 거리두기 4단계에서도 전시회 흥행에 성공한 것에 무척 흐뭇해했다.

이상택 부사장은 처음에 프로젝트에 반대했기 때문에 더 열심히 했다고 한다. 중3인 딸아이 친구들과 가족들에게 기프트 박스를 선물했고, 경찰청 홈페이지와 기업은행 직원 자유게시판에 게시글을 올려 55명을 초청했다. 그는 '무엇보다 직원들에게 부담을 주지 않고 즐겁게 마치게 되어 기쁘다'는 소회를 밝혔다.

전시회를 성료(成了)하자 참가기업들도 찬사를 보내왔다. 그들은 일제히 '역시 메쎄이상'이라고 말했다. 특히 관람객들이 주최사가 발행한 5,000원 상품권을 갖고 와 물건을 구입할 때는 눈물이 저절로 났다는 이야기도 많았다. '이렇게 열심히 하는 주최사이기에 믿음직하다'는 소리에 우리들 역시 감격했다. 이처럼 AAA로 혼연일체가 된 우리들은 또다시 새로운 역사를 만들었다. 1천 명 프로젝트를 통해 전시회들을 성공적으로 마친 뒤, 조 사장은 전 직원들에게 메일을 보냈다.

사랑하는 이상 가족 여러분

오늘 여러분에게 감사메시지를 보내게 되어 너무 기쁩니다.
여러분의 뜨거운 성원으로 핸드아티코리아와 케이펫 전시회를 성공적으로 마쳤습니다. 어느 누구도 전시회가 성공적으로 개최될 수 없다고 생각하는 코로나19 거리두기 4단계였습니다.
많은 기업들이 참가를 취소하고 수많은 사람들이 관람을 꺼렸습니다. 우리 회사 경쟁사들은 줄줄이 전시회 취소를 알리는 소식을 전했습니다. 핸드아티 코리아를 1주일 앞두고 사전등록이 250명 밖에 안 된 상황이었습니다. 너무 절박한 상황에서 회사는 여러분에게 도움을 요청했습니다.

우리 ES그룹 가족들이 먼저 지인들을 초청해 달라고 했습니다. 1인당 10명씩 초청하자는 것이 캠페인의 주 내용이었습니다. 결론은 대박입니다. 3,544명이 방문해 주셨습니다. 관람객 1만 2,392명 중 28.6%가 우리 가족의 초청인원이었습니다. 누구도 상상할 수 없는 일을 해낸 것입니다. 참가업체로부터 많은 칭찬을 받았으며, 전시회를 지속할 수 있는 힘을 다시 얻었습니다.

여러분 모두에게 감사드립니다. 전시회는 중소기업과 영세기업의 필수 경영활동입니다. 한국전쟁 중에도 부산 국제시장은 힘차게 돌아갔듯이 전시회는 멈춰질 수 없습니다.

우리는 또 하나의 스토리를 만들었습니다. 그리고 이번 주에 다시 한번 코로나19 거리두기 4단계에서 '코리아빌드 개최'라는 역사를 만들 것입니다. 스토리를 하나씩 두 개씩 만들어 가면 우리의 역사가 만들어지는 것입니다. 회사의 역사이고 여러분의 자랑스러운 역사가 될 것입니다.

여러분들이 자랑스럽습니다. 여러분들의 열정에 경의를 표합니다.

2021년 8월 9일
메쎄이상 대표이사 올림

하나의 역사를 만들자마자 우리는 다시 새로운 역사를 쓰기 위한 노력을 시작했다. 8월 12일부터 열리는 『코리아빌드』의 참관객을 모으기 시작한 것이다. 건축박람회는 지인 초청으로 관람객을 모으기 힘들다. 전문 바이어를 필요로 하기 때문이다. 게다가 우리 전시회보나 한 주 앞시 개최될 예정이던 『한국건지제조산업전』이 전격 취소되었고, 우리보다 일주일 뒤 킨텍스에서 열릴 예정이던 경쟁 건축전시회마저 12월로 연기를 결정한 상황이었다. 그러는 사이 코로나19 확진자 수는 급격하게 늘어나고 있었다. 『코리아빌드』 역시 험준한 고개를 만난 것이다.

● 코리아빌드도 다시 AAA로

경영진은 임원회의를 통해 다시 한번 직원들에게 도움을 구하기로 했다. FMS에 등록된 건축 관련 바이어 약 1만 3,700명에게 전시회 초청 전화를 돌리기로 한 것이다. 우리들은 전시회가 예정대로 열린다는 소식과 함께 전시장은 층고가 12m 이상이며 30분마다 공조기를 돌리기 때문에 안전하다는 사실을 집중적으로 알렸다. 더불어 전시장에선 음식물 섭취를 못 하기 때문에 마스크를 내릴 이유도 전혀 없다는 점을 강조했다.

전 직원이 모든 바이어들에게 빠짐없이 전화를 돌렸다. 그러자 약 6,000명이 참관을 약속했다. 43.8%라는 경이적인 응답률이었다. 이들에게 VIP 초청장을 보내드리며 사전등록을 요청하자 대부분 이에 응했다. 그 결과 행사 3일 전 사전등록자가 2만 4,000명을 넘어섰다. 또 한 번의 성공이었다.

물론 참가업체의 취소는 있었다. 이에 따라 애초 예약했던 코엑스 전시장의 3분의 1을 취소하는 아픔을 겪었다. 하지만 많은 참관객들이 『코리아빌드』를 관람했다. 관람객 수 자체는 예전보다 줄어들었지만 진성 바이어의 비율은 훨씬 높았다. 참가기업들은 대단히 만족한다고 말했다. 대부분 전시회에 사람이 적을 것이라 생각했는데 기대 이상의 관람객이 들어찬 전시회를 보며 고마워했다.

간절히 원하면 꿈은 이뤄진다고 했던가? 우리 직원들은 전시회가 취소되면 당장은 편하지만 이후 어떤 후폭풍을 겪어야 할지 정확하게 알고 있었다. 이미 지난 일년 반 동안의 경험으로 그 사실을 충분히 인지하고 있었다. 전시회를 한 번 두 번 연기하고 취소하면 직원들의 무급휴직이 이어지고, 이는 임직원들의 감봉과 감원으로 이어져 종국엔 회사의 몰락을 가져온다는 것을 우리는 주변에서 많이 목격했다. 그렇기 때문에 우리는 변화에 적응했고, 열심히 추진했고, 끊임없이 도전했다. AAA를 통해 다르게 생각했고, 다르게 행동했고, 다른 성과를 만들어낸 것이다.

어떠한 위기와 어려움에 부딪히더라도 적응할 수 있는 자세와 새로운 아이디어를 자꾸자꾸 만들어내는 회사, 아이디어가 생기면 바로 실천으로 옮기는 조직, 이겨내야 하는 꿈이 생기면 정말 간절하게 원하면서 끊임없이 도전하는 정신. 우리들은 사회적 거리두기 4단계 속에서도 전시회에 잇달아 성공하면서 우리가 어떤 회사이고 우리가 누구이며 우리가 어떤 마음가짐으로 일하는지를 다시 한번 보여주었다. 이것이 바로 우리들의 뼛속까지 스며 있는 외인구단 DNA, 트리플 A의 힘이다.

킨텍스에서 개최한 『2021 코리아빌드』

생소한 운용

안정 속의 성장

돈을 쓰는 모습은 사람마다 다르다. 어떤 사람은 돈을 펑펑 쓰고 어떤 사람는 자린고비처럼 돈을 아낀다. 어떤 사람은 자기만을 위해서 돈을 쓰고, 어떤 사람은 남을 위해서 많이 쓴다. 돈이 많으면서 항상 없다는 사람도 있고, 돈이 없는데도 걱정하지 않는 사람도 있다.

투자 성향 역시 사람마다 다르다. 잃은 돈이라 치고 과감하게 투자하는 사람도 있고, 조금이라도 안정적인 방법으로 투자하는 사람도 있다. 똑같은 주식이라고 해도 데이 트레이딩(day trading)을 하는 사람이 있고, 블루칩에 장기 투자하는 사람이 있다. 돈을 어떻게 쓰느냐에 따라, 어떻게 투자하느냐에 따라, 나아가 돈을 대하는 자세에 따라 그 사람의 됨됨이를 알 수 있다.

기업도 마찬가지이다. 기업들은 저마다의 특성에 따라 돈을 벌고, 쓰고, 굴린다. 그렇다면 자금 운용에 관해 메쎄이상은 어떤 철학을 실천하고 있을까?

●   '성장'과 '안정',

　　두 마리 토끼를 잡다

토끼 두 마리를 모두 잡으려던 사냥꾼이 한 마리도 잡지 못했다는 옛날 이야기가 있다. 아마 토끼들이 서로 반대 방향으로 도망갔기 때문이었을 것이다. 두 마리든 세 마리든 토끼를 한 번에 잡는 방법은 사실 아주 간단하다. 포기하지 않고 끝까지 토끼들을 모두 한 곳으로 몰면 된다. 물론 쉽지는 않겠지만 ……

'성장'과 '안정'이라는 기업경영의 키워드도 마찬가지일 것이다. 반대 방향으로 달려가는 성장이라는 토끼와 안정이라는 토끼를 한 방향으로 몰 수만 있다면 성장하면서 안정을 취하고, 안정 속에서 성장을 이루는 일도 얼마든지 가능할 것이다.

회사 부채에 대한 두 가지 주장이 있다. 첫 번째, 적당한 레버리지를 통해 회사를 성장시켜야 한다는 주장. 이렇게 주장하는 사람들은 선진경영기법과 금융이론을 근거로 내세운다. 두 번째, 부채는 가급적 적을수록 좋다는 주장. 리스크를 줄이기 위해서는 가능하다면 부채를 적게 가져가야 한다고 말한다. 전자는 후자를 보수적이라고 비난하고, 후자는 전자의 무모함을 지적한다.

두 주장 모두 나름대로 일리가 있다. 연 3% 금리로 조달한 자금을 돌려 연 3.1%의 수익만 만들어도 0.1%의 이익을 낼 수 있다. 아주 간단한 원리이다. 조달금리가 수익률보다 낮다면, 언제든 이익이 되기 때문에 끌어올 수 있는 자금이 많을수록 이익은 극대화된다. 그런데 이

원리에는 중요한 전제가 있다. 어떤 경우라도 조달금리보다 높은 수익을 내야 한다는 것이다. 즉, 투자수익이 보장되어야 한다는 것이다.

보통 경영자가 젊고 똑똑할수록 레버리지를 많이 일으킨다. 자신감이 넘치기 때문이다. 그러나 현실은 녹록하지 않다. 지구상에 리스크 제로인 투자는 없다. 살다 보면 누구나 통제할 수 없는 환경에 내동댕이처진다. 전혀 예상하지 못했던 자연재해나 재난상황이 대표적이다. 어느 누가 코로나19를 예상했을까? 코로나19가 일어날 것을 미리 알았다면 어떤 항공사도 신형 항공기에 투자하지 않았을 것이고, 어떤 여행사도 새로운 여행상품 개발에 돈을 쓰지 않았을 것이다.

불과 3년 전만 해도 항공 수요와 여행산업 성장이 당연한 것으로 받아들여졌다. 전 세계의 글로벌화가 최고수준이었기 때문이다. 따라서 이때 새로운 비행기를 구입하거나 고급 해외여행상품을 개발하는 일은 매우 적절한 투자라고 평가받았다. 하지만 아무도 그럴 줄 몰랐던 코로나19 팬데믹은 이런 투자의 지렛대를 박살냈다. 레버리지 효과를 예상하며 부채를 일으켜 투자했던 여러 항공사와 여행업체들은 자사의 결정이 과감함이 아니라 무모함이었다며 후회하고 있을 것이다.

물론 둘 중 하나만 옳은 것은 아니다. 어떨 때는 대출을 많이 받아 투자를 해야 하고, 어떨 때는 보수적으로 운영해야 한다. 이처럼 자산운용에 관한 방법론을 선택하는 일은 매우 어렵다. 우리 회사 역시 둘 중 어떤 길을 택해야 할까 항상 고민한다.

● 　이자는 쉬지 않는다

우리들이 자산운용 정책을 고민할 때마다 되새기는 말이 있다.

"이자는 절대 쉬지 않는다."

　　메쎄이상의 모회사인 황금에스티 김종현 회장의 말이다. 김 회장은 말 그대로 체어맨(Chairman)이다. 하지만 그가 의자에 앉아 있는 날은 거의 없다. 대신 언제나 현장에 서 있다. 1주일에 3일 이상을 괴산, 시화, 당진에 있는 공장으로 나가 현장을 지도한다. 1년 평균 자동차 주행거리가 6만km를 훌쩍 넘는다. 그래서 직원들은 김 회장의 영문직함을 체어맨에서 러닝맨(Running man)으로 바꿔야 한다고 말한다.

　　쉬지 않고 달려가는 러닝맨 김 회장은 '이자는 절대 쉬지 않는다'고 이야기한다. 그는 '이자는 1년 365일 매일 일한다, 한시도 멈추지 않고 잠도 자지 않는다, 토요일도 없고 휴일도 없다, 52시간 근로시간이란 규제도 받지 않는다'고 강조한다.

　　코로나19로 세상이 마비되어도 이자는 단 하루도 빠짐없이 쉬지 않고 일해 매일 똑같이 이익을 낸다. 반면 이자와 경쟁해야 하는 사람은 반드시 쉬어야 한다.

　　그렇다면 쉬지 않고, 쉬려고 해도 쉴 수 없는 이자와 반드시 쉬어야 하고, 쉬기 싫어도 휴식이 필요한 사람 중에 누가 더 강한 존재인가? 당연히 이자이다. 이것이 바로 김 회장이 레버리지를 많이 일으키는 경영을 거부하는 이유이다. 그는 '자금은 언제나 보수적으로 운용해야 한다'고 주장한다. '레버리지를 일으킬 때는 반드시 한도를 정해야 하고, 그 이상의 레버리지는 절대 금물'이라고 말한다.

김 회장의 이 같은 철칙의 뿌리는 1997년 IMF 외환위기 때로 거슬러 올라간다. 당시 원화 환율은 달러당 800원에서 2,000원으로 급상승했고, 시중은행 이율은 20%를 훌쩍 뛰어넘었다. 그때 김 회장이 경영하고 있던 황금에스티는 대부분의 제품을 유럽, 중국, 대만 등으로부터 수입해 재가공해서 판매하는 기업이었다. 따라서 치솟는 환율과 이율의 직격탄을 얻어맞았다. 환율과 이율의 상승은 원가상승으로 이어졌고, 이는 결국 수익성 악화와 직결되었다.

이때의 끔찍한 경험 때문에 김 회장은 무리한 레버리지를 철저히 경계하는 원칙을 지키며 경영하고 있다. 덕분에 황금에스티와 자회사들은 2001년 뉴욕 테러 사태, 2008년 금융위기 사태 모두 아무런 위험 없이 통과하여 성장을 이어가고 있다.

● 　 무리하지 않는 레버리지의 기준

그렇다면 무리하지 않는 레버리지의 기준은 무엇일까? 김 회장과 메쎄이상 사람들은 금융 레버리지의 기준은 '환율과 이자율이 현재의 2배에서 3배가 되더라도 이겨낼 수 있는 능력'이라고 규정한다. 이에 따라 우리는 회사 대출한도를 순자산의 30%에서 50% 이내로 제한하는 원칙을 철두철미하게 지키고 있다. 메쎄이상은 인수합병을 위해, 황금에스티는 철강 원자재 수입이나 설비투자를 위해 시시때때로 큰 자금이 필요하다. 이상네트웍스 역시 상암동 사옥 빌딩 매입과 같은 자금이 필요한 경우를 만난다. 그러나 아무리 많은 자금이 필요한 경우라도 이들 회사는 모두 이 원칙을 준수하고 있다.

하지만 비즈니스를 하다 보면 반드시 잡고 싶은 기회, 베팅이 필요한 순간이 있다. 그러나 이때도 우리들은 '대출과 투자는 회사 순자산의 30%에서 50% 이내에서'라는 원칙을 지킨다. 이보다 더 많은 돈이 필요하면 부득이 투자를 늦춘다. 천천히 성장하더라도 러시안 룰렛처럼 목숨을 거는 도박은 절대로 하지 않는다.

이처럼 우리 회사는 자산을 답답하리만치 보수적으로 운영한다. 그런데 거꾸로 우리는 끊임없는 성장을 추구한다. 돌다리도 두드리고 건너는 자산운용과 어떤 개울이든 반드시 뛰어넘으려 시도하는 도전 본능. 우리 회사의 이율배반적인 이 두 가지 DNA는 어떻게 공존할 수 있을까?

최대 영업이익을 통한 최대 영업이익금 유보. 보수적 자산운용과 지속적 성장의 딜레마 해결을 위한 우리의 지향점이다. 우리는 영업이익을 많이 남기기 위해 최선을 다한다. 이를 통해 영업이익금을 많이 유보함으로써 투자여력을 조금이라도 더 확보하기 위해 노력한다. M&A를 할 때도, 사옥을 매입할 때도 우리는 이 방법을 실행한다.

답답하리만치 보수적으로 자산을 운용하는 사례가 또 있다. 우리들은 확정금리가 아니면 절대 돈을 맡기지 않는다. 우리는 1년 내지 3년짜리 장기 금융상품에 투자하지 않는다. 이자를 아무리 더 많이 준다고 해도 변동금리상품에는 자산을 맡기지 않는다. 대신 우리들은 3개월이나 6개월짜리 확정금리 예금에 돈을 맡긴다.

우리는 은행을 100% 신뢰하지 않는다. 은행보다 우리 회사가 사업을 더 잘하고, 은행도 언제든 망할 수 있다고 생각하기 때문이다. 특히 '관치금융'의 병폐를 맛보았기에 더욱 그렇다. 2009년 이명박 정부 출범 이후 우리 회사는 경향신문사에 현금으로 보증을 서 주었다가 정치적인 이유로 하나은행으로부터 보증금을 몰수당한 경험이 있다. 이때부터 우리 회사는 은행을 믿지 않는다. 그냥 이용할 뿐이다.

●   경영진은 투자받은 돈을 잠깐 맡은
       '청지기'

우리 회사의 또 다른 자산운용 원칙은 '투자받은 돈은 우리 돈이 아니다'라는 생각을 전제로 하는 '청지기론'이다. 지금까지 우리들은 회사 성장을 위해 몇 번의 투자를 받았다. 소프트뱅크 코리아, 미국의 대표적 헤지펀드인 타이거펀드, 코오롱그룹의 아이퍼시픽파트너스 등으로부터 적지 않은 규모로 투자를 받은 적이 있다. 특히 소프트뱅크 코리아로부터는 다섯 번이나 투자를 받았다. 그중 세 차례의 투자는 코스닥 상장까지 이어졌다. 이상네트웍스가 대표적인 사례이다.

2008년 '태그스토리(Tagstory)'라는 동영상 서비스 회사를 시작했다. 이 회사는 신문을 중심으로 하는 언론사들의 전문가 동영상 플랫폼을 운영하는 서비스를 사업모델로 했다. 당시 기업가치를 100억 원으로 평가받아 20억 원을 소프트뱅크 코리아로부터 투자받았다. 그러나 3년 정도 경영한 끝에 도저히 흑자를 낼 수 없다고 판단, 깔끔하게 법인을 청산했다. 그리고는 소프트뱅크 코리아에게 2억 원을 돌려줬다. 18억원의 투자손실을 낸 것이다. 우리 회사가 소프트뱅크로부터 투자를 받아 실패한 유일한 사례다.

"현재 투자금 중 10억 원이 남았습니다. 그러나 사업을 지속할 경우 이 돈도 전부 날릴 것 같습니다. 허락해 주시면 지금이라도 깨끗이 정리한 뒤, 그중 2억 원이라도 돌려드리겠습니다."

태그스토리 사업을 접기로 결심한 조원표 사장은 소프트뱅크 M 대표를 찾아가 이렇게 말했다. 그러면서 조 사장은 인수하고자 하는 온라인 광고회사 '엔비아이제트'의 공동투자를 제안했다. 그러자 소프트뱅크 코리아는 태그스토리 청산으로 받은 2억 원에 8억 원을 더해 총 10억 원을 이 회사에 다시 투자했다. "아직 이 펀드에서 3년 정도 더 투자할 시간이 있으니 한 번 더 믿어보자"는 것이 당시 소프트뱅크 코리아 M 대표의 생각이었다. 엔비아이제트는 야후코리아의 온라인광고 협력사였다. 당시로서는 매우 훌륭한 투자처임이 분명해 보였다.

그러나 야후코리아의 갑작스런 한국 철수로 인해 회사는 큰 위기를 맞는다. 이때 우리 회사는 소프트뱅크 코리아가 보유하고 있던 엔비아이제트 주식을 모두 인수했고, 그 결과 소프트뱅크는 이 투자 프로젝트에서 완전히 빠져나가게 된다. 물론 소프트뱅크는 태그스토리로 인해 생긴 손실을 앤비아이제트 프로젝트로 어느 정도 회복할 수 있었다.

우리 회사는 투자자에게 절대 손실을 끼쳐서는 안 된다고 생각한다. 투자받은 돈은 우리 돈이 아니고, 우리는 투자자가 맡긴 돈으로 결실을 맺어야 하는 '청지기'이기 때문이다. 사실 투자를 받은 돈은 차입금이 아니기 때문에 이자를 낼 필요는 없다. 만기도 없고 원금 상환 의무가 있는 것도 아니다. 그럼에도 불구하고 우리는 항상 투자자에게 시중 금리보다 높은 수익을 선사해야 한다는 책임감을 갖고 있다. 그것이 투자를 받은 회사의 당연한 의무라고 여기기 때문이다.

투자금은 성장의 밑거름이다. 회사 성장을 위한 사업에 정확히 효율적으로 사용해야 한다. 소프크뱅크의 투자 덕분에 오늘날의 메쎄이상과 이상네트웍스가 존재할 수 있다. 그리고 이 투자가 가능했던 이유, 나아가 투자가 사업의 성공으로 이어질 수 있었던 힘은 바로 투자받은 돈은 우리 돈이 아니며, 투자자에게 몇 곱절의 수익을 제공해야한다는 우리들의 생각에서 비롯되었다고 믿는다.

● 메쎄이상의 '성장성'과 '안정성'

성장과 안정이라는 두 마리 토끼를 모두 잡는 것이 우리들의 전략이다. 우리는 이자는 쉬지 않는다는 사실을 잘 알지만 투자를 하지 말자고 말하지 않는다. 무차입 경영이나 낮은 부채비율을 전가(傳家)의 보도(寶刀)처럼 여기지도 않는다.

필요할 때 필요한 곳에서 필요한 만큼만 자금을 조달하고, 이를 가장 효율적으로 사용하는 것. 이를 통해 투자자에게 수익을 되돌려주고 회사는 새로운 투자재원을 만들어 내는 것. 이것이 바로 우리 회사가 추구하는 재무관리의 기본원칙이다. 이 원칙 안에서 우리는 어떠한 환경변화에도 살아남을 수 있을 수준으로 레버리지의 한도를 정한 뒤 그 안에서 적극적으로 투자한다.

메쎄이상은 이상네트웍스를 모태로 하고 있다. 두 회사는 모두 다른 여러 회사와 사업들을 인수하면서 성장하고 있다. 따라서 두 회사를 동시에 살펴보면 재무흐름을 정확히 이해할 수 있다.

다음 그래프는 2000년부터 2021년 3분기까지 메쎄이상과 이상네트웍스의 자산, 부채, 자본의 변동 추이를 나타낸 것이다. 물론 두 회사의 재무상태표 수치를 단순 합산한 것으로 연결재무제표와는 차이가 있다. 20년이 넘는 기간 동안 자산총액은 55억 원에서 1,908억 원으로 약 380배 증가하였다. 전시사업을 시작한 2007년의 321억 원과 비교해도 6배가량 증가한 수치이다.

한국은행 통계지료에 따르면 우리나라 전체 기업의 2020년 총자

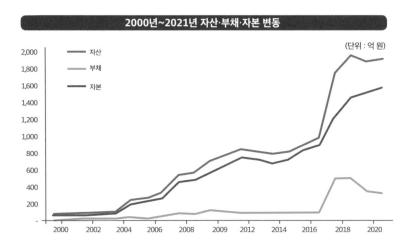

(단위 : 억 원)

━━ 자산
━━ 부채
━━ 자본

산증가율은 7.94%였다. 최근 10년간 추이는 매년 4~10%를 기록하고 있다. 이 수치와 비교할 때 우리 회사의 성장성은 매우 우수하다.

사실 자산이 증가했다는 것만으로 안정성을 판단할 수 없다. 자산은 자본과 부채를 합한 것이기에 부채가 늘어나면 자산도 늘어나기 때문이다. 이에 따라 자산에서 부채를 차감한 자본, 즉 자기자본(순자본)에 대한 점검이 필요하다.

부채총액을 자기자본으로 나눈 비율을 부채비율이라고 하는데, 이는 기업의 건전성 지표로 자주 사용된다. 자기자본비율이 높고 부채비율이 낮은 기업은 재무안정성과 재무건전성이 우수하다.

위의 그래프에서 자산, 부채, 자기자본 수치를 대입해 자기자본비율과 부채비율을 계산하면 다음과 같은 그래프로 나타낼 수 있다. 물론 이 역시 연결재무제표 기준이 아닌 두 회사 재무상태표의 단순 합

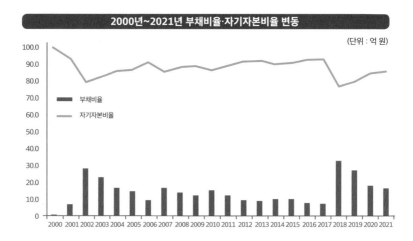

2000년~2021년 부채비율·자기자본비율 변동

(단위 : 억 원)

■ 부채비율
— 자기자본비율

산 수치이다.

금융부채, 미지급금, 예수금 등이 전혀 없어야 자기자본비율이 100%가 되는데, 이는 현실적으로 거의 불가능에 가깝다. 우리 회사의 자기자본비율은 2002년과 2018년 70%대였던 것을 제외하고는 줄곧 80%를 상회하고 있다. (2018년의 경우 이상네트웍스가 상암동 사옥을 매입하면서 일시적으로 부채비율이 증가하였으나, 이때의 부채비율도 40% 수준으로 낮은 편이었다.)

가장 최근인 2021년 3분기 현재 자기자본비율은 82.8%이다. 한국은행 통계자료에 따르면 우리나라 기업들의 2020년 평균 자기자본비율은 45.8%인데, 이를 감안하면 우리 회사 자기자본비율은 대한민국 기업 평균의 2배를 육박한다. 재무건전성이 매우 우수함을 확인할 수 있는 수치다.

같은 통계자료상 2020년 기준 우리나라 전체기업의 평균 부채비율은 118.34%이다. 쉽게 말하자면 자기 돈 100원과 빌린 돈 118원을 합해 모두 218원으로 사업을 하고 있다는 의미이다. 업종마다 다르긴 하지만, 일반적으로 평균부채비율보다 기업의 부채비율이 낮으면 재무건전성이 우수하다고 한다. 우리 회사의 부채비율은 2021년 3분기 말 현재 20.8%, 평균의 6분의 1 수치로 부채비율이 매우 낮다.

지금까지 살펴 본 여러 수치들은 우리 회사가 가파른 성장세 속에서도 매우 안전하고 건전한 재무상태를 유지하고 있음을 보여 준다. 안정을 추구하다 보면 성장이 더딜 수 있고, 성장을 쫓다 보면 안정을 놓칠 수 있다. 하지만 우리들은 성장성과 안정성이라는 서로 상충되는 두 마리 토끼를 잡는 데 성공해 왔다. 회사의 재무철학을 실현하고 있는 것이다.

●   메쎄이상의 수익성

성장성과 안정성 이외에 수익성도 회사의 진면목을 확인할 수 있는 중요 포인트이다. 우리 회사의 수익성 파악을 위해 영업이익과 당기순이익의 변동추이를 살펴보고자 한다. (이 수치는 이상네트웍스와 메쎄이상의 단순 합산이며, 2021년도는 예상실적을 기준으로 작성했다.)

2000년부터 2021년까지 22년간 영업이익과 당기순이익의 변동 그래프를 통해 주목할 만한 세 가지 사실을 알 수 있다.

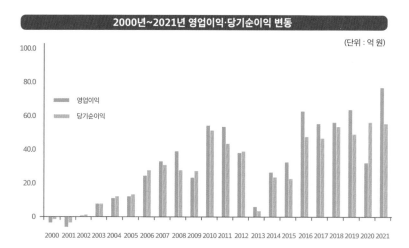

(단위 : 억 원)

영업이익
당기순이익

첫째, 매년 흑자를 기록하고 있는 지속성이다. 창업 초기였던 2000년과 2001년을 제외하고 2002년부터 2021년까지 우리들은 한 해도 쉬지 않고 매년 흑자 행진을 이어가고 있다. 2002년에 1억 원 안팎의 이익을 달성한 후 2021년 100억 원 이상의 영업이익을 기록하는 20년 동안 단 한 차례도 적자를 기록하지 않았다. 심지어 코로나 19 팬데믹이 전 세계를 덮친 2020년에도 이익을 냈다.

둘째, 위기를 극복하는 저력이다. 그래프가 말해주는 것처럼 우리 회사의 이익은 거듭되는 부침 속에서도 지속되고 있다. 특히 글로벌 금융위기 직후인 2009년, 전시사업이 정체기였던 2013년, 코로나19 사태에 따른 2020년은 전년 대비 이익이 적잖게 감소했다. 우리들에게도 언제나 순풍이 불어온 것은 아니었다. 그러나 이런 위기 역시 우리 회사에게 오랫동안 타격은 주지는 못했다.

이익이 줄어든 다음 연도에는 어김없이 높은 이익증가율을 기록했다. 모든 기업은 위기를 만난다. 개인이나 국가도 마찬가지이다. 핵심은 위기를 어떻게 극복하느냐에 달려 있다. 우리 회사는 위기가 있을 때마다 이를 극복해 다시 도약했다. 이러한 위기극복능력은 어느 한 사람의 의지로 이루어질 수 없다. 조직 전반에 내재되어 있는 잠재력이 있어야 하고, 그 잠재력을 만들어 내는 것이 조직문화이다. 우리 회사는 어떤 위기든 이겨낼 수 있는 저력을 갖고 있다.

셋째, 거듭되는 성장성이다. 우상향 그래프가 이를 입증한다. 기업의 목적은 이윤창출이다. 반드시 필요한 사회적 가치를 창출해 합당하고 건전한 방법으로 이윤을 만들고, 그 이윤을 경제생태계로 환원하는 것이 기업의 책무이다. 직원들에게 좋은 업무환경과 임금을 제공하는 것, 국가나 지방자치단체에 적정한 세금을 납부하는 것, 소외계층에게 관심을 갖는 것들이 모두 넓은 의미로 사회적 환원이라 할 수 있다. 기업은 당연히 적법하고 투명하게 운영되어야 한다.

우리 회사는 매월 첫째 주 초에 '월간 경영회의'를 실시한다. 수습직원부터 임원까지 한 명도 빠짐없이 참석하는 회의이다. 대표이사는 전 직원에게 지난 한 달 있었던 회사 일에 대해 설명한다. 가장 중요한 경영실적도 정확하게 발표한다. 발표라기보다는 매출과 이익이 어떻게 되었는지 보고하는 자리이다.

그런데 특이한 점은 일반직원이나 재무팀장이 대표이사에게 실적을 보고하지 않는다는 것이다. 대표이사가 직원들에게 보고한다. 이는 경영실적에 대한 최종책임은 대표이사에게 있다는 생각의 표현이자,

모든 직원들은 각자 맡은 분야에서 자신의 일에 최선을 다하고 그 결과는 상위 직급자가 진다는 철학의 발로이다.

월간 경영회의는 투명경영을 지향하는 자리이기도 하다. 1년 동안 깜깜이로 지내다가 갑자기 연말이 되어서야 자신이 속한 사업부서의 실적을 알게 되고, 그것으로 직원을 평가한다면 문제가 많은 조직이다. 자기가 일하고 있는 회사의 재무상태를 파악하고 경영성과를 공유하는 월간 경영회의는 투명경영의 기본이다. 단순히 숫자에 대한 공유를 넘어 문제점을 고민하고 개선방안을 소통하는 자리이기도 하다.

직원을 선발하기 위해 면접을 볼 때면 경영진 중 한 명은 항상 이렇게 질문한다.

"이전 직장의 상황은 어땠습니까? 그 회사의 전년도 매출과 영업이익은 얼마입니까?"

가장 기본적인 질문이지만 돌아오는 답은 의외다. '저는 영업 전담이라 잘 모릅니다', '경영은 대표님께서 담당하셔서 알려주시지 않습니다' 등의 맥 빠진 답변을 듣는다. 자신이 일하는 회사 상황에 대해 전혀 알지 못하고 있다는 것이다. 흑자를 내는지 적자를 내는지, 경쟁회사와 비교했을 때 수익성이 높은지 낮은지 등등 기본적인 것을 모르는 사람이 의외로 많다.

우리 회사가 얼마나 투명하고 공정하게 경영을 하는지 잘 보여주는 일데기 있다. 임직인들이 매월 10일 리펀딩 데이(Refunding Day)

에 개인경비를 정산받으려면 이보다 닷새 전인 5일까지 청구를 마감해야 한다. 이렇게 청구한 개인경비 내역을 정산하는 일은 K 팀장 몫이다. 20년 넘게 근속하고 있는 K 팀장은 20대에 입사한 뒤 지금은 어엿한 학부모가 된 여성이다.

그런데 몇 달 전 바쁜 일정 때문에 조 사장이 2~3일 늦게 개인경비를 청구했던 일이 있다. 이때 K 팀장은 어떻게 했을까? 당연히 사장의 개인경비를 지급하지 않았다. 5일까지 청구해야 한다는 규칙을 못 지켰기 때문이다. 이에 대해 사장은 어떻게 반응했을까? 일개 팀장이 사장 지시를 묵살했다고 질책하며 잔말 말고 당장 처리하라고 했을까? 아니다. 사장은 투명하게 업무처리를 했다며 K 팀장을 칭찬했다.

이 일은 지금도 우리 회사에서 회자되고 있는 작은 에피소드이지만 K 팀장 같은 직원이 칭찬받고 성공하는 모습 속에서 회사는 점점 더 투명하고 공정해진다. 투명하고 공정한 회사는 사장 혼자서 만들 수 없다. 반드시 구성원 모두의 노력이 필요하다.

투명하게 알려주지 않고 어떻게 열심히 하라고 할 수 있을까? 우리는 무조건 투명경영을 원칙으로 한다. 우리가 지향하는 투명경영은 공유의 경영이자, 소통의 경영을 의미한다. 회사의 재무상황이나 경영성과에 대해 공유하고 소통하는 일은 회사의 성장을 위한 밑거름이다.

투명경영 원칙 속에 안정적으로 성장하고 있는 메쎄이상

기이한 상상

전시산업의 진화와 미래

우리 회사는 전시회사이다. 그리고 전시산업은 데이터산업이다. 따라서 우리는 데이터에 집중한다. 데이터를 모으고 캐내고 자르고 붙인다.

　나아가 데이터산업 기반의 전시회사인 우리들의 데이터 분석은 미래를 향해 나아간다. 데이터를 분석함으로써 10년 후, 20년 후, 100년 후를 상상한다.

　메쎄이상은 항상 미래를 꿈꾼다. 그리고 이를 위해 데이터를 분석한다. 데이터에 대한 우리들의 집요한 애착과 과감한 투자, 그리고 끈질긴 노력은 전시회 하나하나의 성공은 물론 전시산업 자체의 변화를 이끌고 있다. 나아가 전에는 없던 새로운 것들, 있었지만 엮이지 않아 가치가 없던 것들을 맥락으로 묶어 가며 기이한 상상이 눈앞의 현실이 되도록 힘쓰고 있다.

● 반려동물산업 전시회
케이펫페어의 '쭈쭈쭈'

갑수록 늘어나고 있는 반려동물 가구는 앞으로 얼마나 더 늘어날까? 50년 후 인류는 반려동물과 어떻게 같이 살아가고 있을까? 이런 상상 속에서 우리는 반려동물산업 전시회를 펼쳐가고 있다. 『케이펫페어』는 명실공히 대한민국을 대표하는 반려동물산업 전시회다. 킨텍스, 코엑스, 세텍을 비롯하여 부산, 대구, 수원, 송도에서 연간 10회 개최된다.

2020년 말 기준 국내 반려동물 가구는 전체 604만 가구. 우리나라 전체 가구의 29.7%를 차지한다. 반려인은 1,448만 명으로 한국인 넷 중 한 명 이상이 반려동물과 함께 살고 있다. 그중 반려견 가구

2021년 킨텍스에서 열린 반려동물산업 전시회 『케이펫페어』

가 80.7%로 가장 많고, 고양이를 키우는 반려묘 가구가 25.7%로 뒤를 이었다. 반려견 수는 586만 마리, 반려묘 수는 211만 마리로 추정된다. 통계에 잡히지 않는 반려견과 반려묘까지 고려하면 실제 숫자는 이보다 훨씬 더 많을 것이다. 이에 따라 우리나라 반려동물산업 시장규모는 매년 꾸준히 성장하고 있다. 하지만 반려동물산업 선진국인 미국이나 유럽에 비하면 아직 시장규모는 작은 편이다.

●   샘플 사료에 열광하는 참관객

케이펫(케이캣) 전시회는 메쎄이상 주최 전시회 중 관람객이 가장 많은 전시회 중 하나이다. 매년 11월 킨텍스에서 금, 토, 일 3일 동안 매일 1만 5,000명 이상이 방문한다. 코로나19 직전이었던 2019년 11월에는 무려 5만 1,000명의 관람객이 방문하기도 했다.

반려동물산업전시회는 『케이펫페어』 말고도 많다. 다른 전시회들이 한 해 동안 전국에서 20회 정도 열리고 있다. 그런데 유독 『케이펫페어』에 관람객이 많은 이유는 무엇일까? 관람객을 열광하게 하는 『케이펫페어』의 힘은 무엇일까?

답은 명쾌하다. 가장 많은 기업이 참가하고, 참가 기업들이 가장 많은 반려동물 샘플 사료를 무료로 제공하기 때문이다. 소비자 입장에서는 사료를 비교분석하기에 최고의 기회인 것이다. 『케이펫페어』에 출품하는 사료업체들은 고객 데이터 확보를 위해 자사 샘플을 대량으로 제공한다. 또한 고객들은 받아간 샘플을 강아지나 고양이에게 먹여 본 뒤 반응이 좋으면 해당제품을 정식 구매하기 때문에 사료업체들은 샘플 사료를 아끼지 않는다.

그런데 여기에는 몇 가지 문제점이 있다. 먼저 데이터 수집 비용이 너무 크다는 점이다. 전시기간 3일 동안 샘플 사료를 나눠주며 데이터를 수집하려면 전시장 부스 임대료, 장치비, 인건비, 여기에 샘플사료비까지 비용이 든다. 보통 적게는 수천만 원에서 크게는 수억 원에 이르는 비용이 발생한다.

또 하나는 일명 '체리 피커(cherry picker)'의 문제다. 전시장에 방문한 고객들 중에는 전시장을 계속 돌면서 샘플 사료를 반복해서 받아가는 사람이 적지 않다. 샘플만 잘 챙겨도 한 달 치 강아지 사료를 받을 수 있다고 좋아하는 관람객도 있다. 중복지급의 비효율은 물론 길게 늘어선 대기선 때문에 참가기업은 곤욕을 치른다. 당연히 현장 대응인력은 늘어나고, 고객데이터를 충실하게 받는 일도 힘들어진다.

● 　사료 쿠폰 APP을 만들자

우리들이 『케이펫페어』 전용 쿠폰앱을 만든 이유가 여기에 있다. 고객데이터 확보를 위해 참가하고 싶지만 샘플 사료 이슈로 인해 망설이는 기업들이 많았다. 이런 회사들을 유치하기 위해서는 특별한 전략이 필요했다. 우리는 고심 끝에 전시회 주최자인 메쎄이상이 샘플사료를 직접 나눠주며 고객데이터를 받은 다음 참가기업에 데이터를 넘겨주는 방법을 고안해 냈다.

'샘플 사료 증정 이벤트를 하면 전시회 참여 기업은 당연히 많아질 것이고, 이벤트 참가 기업이 늘어나면 더 많은 관람객을 전시장으로 모을 수 있을 것이다.'

우리들은 곧바로 이 생각을 『케이펫페어』전용 쿠폰앱이라는 새로운 방법으로 구현했다. 먼저 메쎄이상이 사료회사들로부터 샘플을 받는다. 이어서 샘플 사료를 나눠주면 방문객들은 샘플을 받는다는 기쁨으로 우리에게 자신의 정보를 기꺼이 제공한다. 이때 고객은 줄을 설 필요 없이 휴대전화로 쿠폰만 제시하면 샘플을 바로 받아갈 수 있다. 이후 우리는 어느 고객이 어떤 회사의 샘플을 받아 갔는지 정확히 파악한 뒤 고객 정보를 해당업체에게 전달한다.

이 방법을 통해 우리는 참가기업에게는 부담 없이 전시회에 참가할 수 있는 기회를 제공하고 있다. 또한 기업마다 원하는 설문 문항을 추가해 고객의 수요조사까지 함께할 수 있게 됐다. 더불어 더 많은 관람객이 샘플 사료를 받아갈 수 있도록 하고 있다.

쿠폰앱을 통해 실시간으로 쿠폰사용처리를 전산화하면 중복지급 문제도 해소된다. 사료회사는 원하는 정보를 더 정밀하고 상세하게 받아갈 수 있다. 특히 수많은 샘플을 의욕적으로 전시장에 가져왔다가 다 배포하지도 못하고 다시 챙겨서 회사로 돌아가는 일도 없다. 고객이 다운로드받은 쿠폰 숫자만큼만 사료 샘플을 준비해서 오면 되기 때문이다.

● 쿠폰 앱 이상의 데이터 기반
   반려동물 플랫폼

2022년 5월 기준으로 '쭈쭈쭈'라는 독특한 이름의 애플리케이션 다운로드 수는 약 21만을 넘어서고 있다. 우리는 앞으로 이 앱에 집중 투자할 예정이다. 『케이펫페어』 전시회에 더 많은 관람객을 유치하기 위해서다. 그러나 '쭈쭈쭈'에 '쭉쭉쭉' 투자하려는 더 큰 이유는 반려동물의 데이터 확보에 있다.

소비자 입장에서 '쭈쭈쭈'는 전시장 입장권을 발급받고 샘플사료 쿠폰을 다운받는 쿠폰 앱이다. 그러나 우리는 이 앱을 통해 반려견(반려묘)의 견종(묘종), 나이, 질병, 습관을 수집한다. 나아가 반려동물들이 먹는 사료, 받고 있는 검진, 가입한 보험, 예정되어 있는 장묘 방법 등 반려동물에 대한 정밀한 정보를 수집한다.

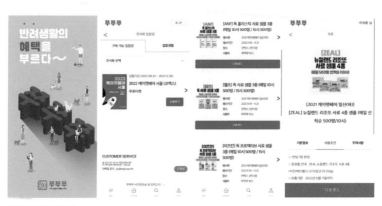

반려동물앱 쭈쭈쭈

쭈쭈쭈는 전시회, 샘플사료, 쿠폰이라는 오프라인 소재를 온라인으로 옮겨 사료회사들과 고객들이 각자 원하는 정보와 서비스를 제공한다. 메쎄이상은 이 과정을 통해 다른 어떤 회사도 쌓을 수 없는 반려동물에 대한 정보를 차곡차곡 누적하고 있다. 세부 구분된 반려동물에 대한 정밀한 데이터는 수의, 의약, 사료, 용품, 홍보 등 반려동물산업 전반에 걸쳐 매우 중요한 데이터로 자리매김할 것이다.

예컨대 10세 이상 노령 대형견 전용 사료를 개발하고자 하는 회사가 있다면 반드시 우리를 찾아오게 될 것이다. 이에 해당하는 대형견 1,000마리의 샘플을 뽑아 개발한 사료를 미리 먹여보고 피드백 받으려면 '쭈쭈쭈'에 누적된 데이터가 필수불가결할 것이기 때문이다.

개발 당시 우리들은 이 앱의 이름을 사내 공모했다. 그러자 재미있는 아이디어들이 많이 나왔다. 쿠폰을 준다는 의미로 '쿠펫', 꾹 누르면 팡 터진다는 '꾹팡', 케이펫+캐쉬백을 합성하여 '케이-백', 빠르게 입장한다는 '하이펫스' 같은 기발한 제안이 나왔다. 그밖에 펫킷리스트, 보건복지펫, 댕냥월드, 펫마일 등 무려 100건 이상의 이름이 등장했다. 그중 우리들은 '쭈쭈쭈'라는 이름을 선택했다. 이상택 부사장이 낸 아이디어였다. 사람들이 강아지나 고양이를 부를 때 혀를 차면서 부르는 소리를 따서 만든 이름이다.

● 전시산업의 유튜브를 꿈꾸는 '링크온'

40년 전의 전시회는 어떤 모습이었을까? 그리고 앞으로 40년이 지난 후에 열리는 전시회는 어떤 모습일까? 우리들은 미래의 전시회를 상상하며 새로운 서비스를 시작했다.

코로나19는 온-오프라인 생태계 판도를 재편했다. 오프라인 매장을 통한 유통은 감소하는 반면, 온라인 유통은 급격히 성장했다. 집밖에서 사람을 만날 수 없는 집콕 생활은 신선식품의 새벽배송시장이나 배달시장을 급성장시켰다. 반면 백화점이나 마트 같은 전통적인 유통시장의 강자들은 코로나19 앞에서 맥을 못 추고 있다.

전시회도 전통적인 오프라인 산업이다. 코로나19 단계 격상에 따라 전시회 운영 방역기준이 강화되자 전시장을 찾는 관람객들은 급격하게 줄어들었다. 2019년 800만이 넘던 전시장 관람객 수는 2020년 220만으로 무려 73%가 감소했다(전시산업진흥회 조사자료). 특히 해외기업의 국내 전시회 참가는 아예 불가능했다. 또한 방역수칙을 기준 이상으로 적용하는 국내 대기업과 공공기관은 전시회 참가를 계속해서 거부해 왔다. 앞이 캄캄한 현실에서 많은 사람들이 우리들에게 이런 질문을 한다.

"앞으로 전시회가 살아남을 수 있을까요?"
"온라인에는 없는 정보가 없고, 모든 제품을 쿠팡에서 총알배송 받을 수 있는데 전시회가 경쟁력이 있을까요?"

전시회가 줄줄이 취소되거나 연기되는 상황이 계속되자 궁여지책으로 온라인 전시회나 하이브리드 전시회가 대안으로 제시되었다. 실제로 2020년 상반기부터 오프라인 전시회를 대체하는 온라인 전시회가 전 세계적으로 유행처럼 늘어나기 시작했다. VR 기술을 이용한 가상부스가 구현되고, 실제로 전시장에 방문하는 대신 아바타가 참가하는 방식의 온라인 전시회가 개최되었다. 언론도 호들갑스럽게 이런 전시회들을 알렸다. 그러나 몇 번의 시도 끝에 내려진 결론은 '온라인 전시회는 불가능하지도 않지만, 제대로 되지도 않는다'는 것이었다.

가상 전시회는 기대 이하였다. 사람 대신 아바타를 전시장에 보냈지만 직접 방문하는 것에 비교가 되지 않을 정도로 허접했다. '명함을 주고받으며 악수하는 경험'을 대신할 수 없었다. 온라인 브로슈어를 다운로드하는 것으로는 직접 '묻고 답하는 대화'를 뛰어넘지 못했다. 2020년 상반기 우후죽순 온라인으로 대체되던 전시회들은 그해 하반기로 접어들자 최소한의 오프라인 전시회와 온라인을 병행하는 하이브리드 형태로 변경되기 시작했다. 하지만 하이브리드 전시회의 결과도 온라인 전시회와 크게 다르지 않았다. 그러자 2021년에 접어들면서 온라인이나 하이브리드 전시회는 대부분 사라졌다. 대신 오프라인 전시회를 취소 또는 연기하거나 소규모라도 강행하는 방식으로 가닥이 잡혀갔다.

전시회는 본질적으로 오프라인 비즈니스다. 전시장에 부스를 짓고, 제품과 기술을 디스플레이하고 바이어를 맞이한다. 직접 만나서 네트워킹하고 상담하여 거래를 성사시키거나 잠재고객을 확보하는 것이 목적이다. 게다가 전시회는 '체험'을 판매한다는 점에서 온라인 전시회와 차별성을 갖는다. 전시회는 단순히 바이어에게 상품이나 서비스 또는 정보를 제공하는 것에 그치지 않는다. 상품의 고유한 특성에서 파생하는 가치 있는 경험을 제공한다. 엔터테인먼트 요소를 지닌 체험이든, 감각적이거나 교육적인 체험이든 차별화된 체험요소를 제공하는 것이 전시회의 본질이다. 전시회와 함께 콘퍼런스를 여는 것도 이 체험의 기회를 하나라도 더 만들어주기 위함이다.

코로나19로 온 나라가 얼어붙었던 2021년 11월, 『케이펫페어』가 열리던 킨텍스에는 4만 3,804명의 참관객이 방문했다. 2,000마리가 넘는 반려견도 함께 전시장을 찾았다.

관람객들은 좋은 물건을 싸게 사려는 '합리적인 이유'만으로 전시장에 온 것이 아니다. 새로운 사료를 샘플로 받아 먹여 보는 체험, 백화점이나 마트에서는 불가능한 반려견과 함께 쇼핑하는 체험, 내가 키우는 반려견을 남들에게 자랑스럽게 보여주고 싶은 욕구, 수많은 반려인들 중에 한 사람이라는 소속감. 관람객들은 쿠팡에서도 팔지 않고, 아마존에서도 살 수 없는 이런 상품들을 위해 『케이펫페어』로 발걸음했던 것이다.

온라인 유통시장이 오프라인 시장을 완전히 대체할 수는 없다. 이는 이미 전 세계적으로 입증된 현상이다. 나이키는 2019년 말 세계 최대의 이커머스 시장 아마존에서 자사 제품 판매를 중단했다. 대신 대형화된 체험형 매장을 통해 나이키 제품을 판매하기 시작했다. 이유는 무엇일까? 나이키가 판매하고 싶은 것은 신발이 아니라 브랜드

이기 때문이다. 나이키의 경쟁력은 제품 그 자체가 아니라 제품이 가진 브랜드 이미지다. 스타벅스도 자사 굿즈를 온라인으로 판매하지 않는다. 오직 스타벅스 오프라인 매장에서만 판매한다. 아마존이 미국 전역에 오프라인 거점을 확보하고, 월마트가 M&A를 통해 온라인 플랫폼을 지속적으로 확장하면서 서비스를 강화하는 것도 동일한 맥락이다.

이커머스 기업들은 앞다투어 오프라인 거점을 확장하고 있고, 오프라인 유통업체들은 대규모 투자를 통해 온라인으로 진출하고 있다. 오프라인 유통망은 온라인으로 접촉면을 확대하고 온라인 이커머스는 오프라인으로 체험을 강화하고 있다.

전시회가 온라인으로 완전히 대체될 수는 없다. 전시산업이 앞으로 비전이 없다거나, 전시회가 사라지지 않을까 하는 우려는 쓸데없는 생각이다. 대신 온-오프라인 영역이 서로 물려 있는 교집합이 분명 존재하기에 일부 영역에서 경쟁하고 있다는 점도 분명하다. 온라인과 오프라인이 상호 보완되어야 더 성장한다는 점도 부정할 수 없다.

메쎄이상 전시회도 온라인으로 대체될 수는 없지만 분명히 보완되어야 할 점이 있다. 전시회는 길어야 고작 일주일이다. 따라서 1년 중 나머지 51주를 참관객과 어떻게 지속적으로 접촉해야 하는가를 고민하는 것이 전시사업자의 첫 번째 숙제다. 즉, 전시회 출품기업들이 1주일이 아니라 1년 내내 제품을 홍보할 수 있는 방법을 찾도록 도와야 한다.

전시회의 핵심은 전시가 아니라 체험이다. '체험'을 원하는 고객

365일 온라인 전시회를 개최하는 '메이드인차이나'

메쎄이상의 전시회 전용 동영상홍보 플랫폼 '링크온'

의 모수를 늘이고, '체험'이 가진 시공의 한계를 극복하기 위해 우리는 '링크온'이라는 새로운 서비스를 시작했다. 링크온은 전시회 전용 동영상 플랫폼이라고 말할 수 있다. 전시회에 출품한 기업들이 가볍게 영상을 만들어 업로드하면, 이 콘텐츠는 1년 내내 링크온에 노출된다.

메쎄이상 주최 전시회뿐만 아니라 우리나라를 포함한 지구촌 어디서 열린 전시회든 그곳에 출품한 기업이라면 링크온에 영상을 올릴 수 있다. 그러면 전시회 관람을 등록한 고객은 사전과 사후 모두 이 영상을 시청할 수 있다. 전시장에 방문한 고객이 링크온에서 부스 QR을 인식하면 해당 기업의 제품 영상이나 카탈로그를 다운받을 수도 있다. 따라서 전시장에 와서 브로슈어를 한아름 챙겨 들고 다닐 필요도 없어진다.

우리들은 앞으로 링크온에도 집중적인 투자를 계획하고 있다. 전시회를 더 잘하는 회사가 되는 가장 확실한 방법은 온라인을 더 확장하고, 데이터에 더 집착하는 것이라고 믿기 때문이다.

뿐만 아니라 링크온은 독자적인 사업모델로 진화가 가능하다. 특히 이상네트웍스의 B2B 전자상거래 보증시스템과 결합할 경우 거래 기능까지 갖춘 B2B e마켓플레이스로 진화가 가능해질 것이다.

● 전시장 주인이 죄다 공공기관인 이유

상상의 초점이 항상 먼 미래에만 맞춰지는 것은 아니다. 때로는 내가 갈 수 없는 장소에 가게 되는 일을 상상하기도 하고, 내가 할 수 없던 일을 실행하는 모습을 꿈꿔 보기도 한다. 이와 같은 상상은 불가능에 대한 도전으로 이어지기도 한다. 우리들은 고정관념을 깨는 상상력을 발휘해 전시회사는 할 수 없다고 여겨지는 일, '그 일을 하는 회사는 따로 있다'고 하는 사업을 시작했다.

전시주최자들은 항상 전시장 운영자에게 주눅이 들어 있다. '조물주 위에 건물주가 있다'는 농담처럼 킨텍스와 코엑스 등 전시장은 건물주, 우리 회사 같은 전시주최자는 임차인 정도로 둘의 관계가 갑과 을로 굳어져 있다는 느낌을 받기도 한다.

특히 전시장이 항상 부족한 수도권에서는 더욱 그렇다. 코엑스는 전시장 면적이 3만 6,000㎡밖에 되지 않는데 비해 입지가 너무 좋다. 주변에 지하철 노선이 2개가 지나가고 앞으로는 GTX가 통과할 서울의 심장 강남에 있다. 주변에는 누구나 이름만 대면 아는 최고급 호텔과 비즈니스 호텔들이 즐비하다. 따라서 전시회를 하려는 사람들은 모두 코엑스를 선호한다.

해외 바이어를 초청하는 전시회일 때는 코엑스의 인기가 더 높아진다. 그러다 보니 직원들이 아무리 친절하게 고객을 대하더라도 항상 불만의 대상이 된다. 면적이 좁아 새로운 전시회에 전시장을 빌려줄 수 없기 때문이다.

'물리적으로 이야기를 들어주는 것이 아니라 상대방의 요구조건을 조금이라도 수용해 주는 것이 소통'이라는 말이 있다. 그래서 대통령이 아무리 기자회견을 자주 해도 소통으로 여기지 않는다는 것이다. 대신 국민들은 자신들의 요구를 수용해 줄 때 소통이 된다고 느낀다고 한다. 그래서 전시주최자들은 늘 '코엑스와는 소통이 잘 되지 않는다'고 푸념하곤 한다. 제한된 면적 때문에 코엑스 직원들은 답답하고 억울할 것이다.

전시주최자가 전시장 운영자를 존중하는 이유는 그들이 건물주이기 때문만은 아니다. 전시주최자들은 전시장 운영자를 플랫폼 사업자로 생각한다. 민간 전시주최자가 사업을 할 수 있도록 기본 인프라를 제공하는 플랫폼이라는 것이다. 그리고 플랫폼인 전시장은 민간 전시주최자가 뛰어들 수 없는 영역이라고 생각한다.

좀 더 자세히 살펴보자면 전시장 운영자가 되기 위해선 초기 투자를 상상 이상으로 많이 해야 한다. 민간투자로는 불가능에 가깝다. 킨텍스는 토지가격을 제외하고 건축비만 1조 원 이상 소요됐다. 지방자치단체가 전시장 1만㎡를 짓는 데에도 보통 2,000억 원 이상의 예산이 사용된다.

이 지자체가 전시장 1만㎡를 모두 임대하면 1년에 얼마를 벌 수 있을까? 1일 임대료를 시장평균가 1,500만 원으로 잡고 1년에 300일을 임대해 준다고 해도 매출 45억 원이다. 사실 이것도 많이 잡은 것이다. 이 정도 규모의 전시장이면 보통 유지보수와 운영을 위해 직원들이 20명 정도 필요하다. 2,000억을 투자해서 1년에 45억 매출, 이 중 인건비와 유지비를 빼면 전시장 사업은 도저히 수지타산이 맞지 않는다.

민간 전시장이 힘든 이유는 또 있다. 전시장이 풀 부킹(전시장의 전시회 장소가 100% 예약되는 일)되면 시대정신에 맞는 새로운 전시회를 시도할 수 없다. 새싹처럼 자라날 전시회 대신 이미 다 커버린 전시회들만 전시장을 차지하게 되기 때문이다. 수익을 생각해야 하는 민간사업자로서는 도저히 받아들일 수 없는 이야기다.

현재 코엑스는 가동률이 80%에 육박할 정도의 풀 부킹 상태이다. 따라서 코엑스 전시장을 임차하려면 실제로 전시회를 개최할 시기보다 무려 2년 전에 신청서를 제출하고 계약을 체결해야 한다. 물론 수시대관이라는 프로세스가 있어서 그때그때 임차할 수도 있지만 사실상 불가능에 가깝다. 이미 전시장이 정시 대관으로 꽉 차 있기 때문에 수시 대관을 할 수 있는 공간이 너무 적다. 명의에게 진료 예약을 한다고 생각하면 쉽다.

임대 가동률 80%는 어느 정도일까? 1년은 52주이다. 그중 설 연휴와 추석 같은 공휴일과 전시회를 여는 경우가 드문 월요일만 합쳐도 365일 중 73일, 대략 20%가 빠진다.

거기다가 누구는 한 홀만 빌리고, 누구는 두 홀을 빌리는 등 이런저런 요구사항을 받아 주다 보면 어쩔 수 없이 하루 이틀 비는 경우가 발생한다. 전문용어로 이것을 '마찰공실'이라고 하는데 이 부분까지 감안하면 가동률이 70% 이상만 돼도 전시업계에서는 '풀 부킹'이라고 말한다.

그렇기 때문에 해외 전시장들은 보통 가동률을 50% 이하로 유지하고, 그 이상이 되면 증축을 진행한다. 가동률이 50% 이상만 되어도 시대적 흐름에 맞는 신규 전시회에 임대해 줄 공간이 부족하다고 보는 것이다. 심지어 독일의 전시장들은 공익 차원의 전시회 개최를 위해 가동률이 40% 이상 되면 반드시 증축을 해야 한다고 한다. 이것이 정부가 예산을 들여 전시장을 짓고 운영하는 이유다. 단순계산으로는 무조건 적자이지만 국가적으로 볼 때는 전시가 일으키는 파생효과가 중요하기 때문이다. 전시회를 관람하기 위해 오는 외국인 관광객, 전시회를 통해 바이어를 만나고 수출기회를 얻는 중소기업, 전시회 자체가 K-POP처럼 한국의 브랜드 가치를 높이는 역할을 하는 것 등을 감안해서 전시회를 키우는 것이다.

정리하자면 자기들은 할 수 없는 사업을 전시장 운영자들이 담당하고 있기 때문에 민간의 전시주최자들이 공공 영역에 있는 전시장을 존중하는 것이다.

● 　우리도 코엑스 같은 전시장을 지을 수 없을까?

그런데 기이한 일이 일어났다. 기이한 상상이 현실이 되었다. 우리들이 민간은 할 수 없는 사업, 공공기관이 아니고선 불가능한 시장이라는 전시장 사업에 도전장을 던졌다. 단 한 번도 민간이 시도하지 않은 사업, 누구도 상상조차 하기 힘들었던 전시장 운영사업에 메쎄이상이 나선 것이다. 그리고 이 사건은 전시업계에 또 한 번 파란을 일으켰다.

2020년 7월, 우리 회사는 '수원메쎄'라는 전시장을 건립했다. 전시장 내부 크기는 9,080㎡, 위치는 우리나라에서 유동인구가 가장 많다고 알려진 수원역 근처이다. 우리가 전시장을 건립하겠다고 하자 대부분은 "미쳤다", "의욕이 앞선다"고 말했다. 말도 안 된다는 얘기였다. 어떤 사람들은 이제 메쎄이상이 망할 때가 됐다고 농을 쳤다.

하지만 이런 반응은 우리들의 가슴에 불을 질렀다. 남들이 모두 불가능하다고 하니 '외인구단 DNA'를 가진 우리에겐 더욱 매력적으로 보였다. '남이 할 수 없다면 내가 하겠다, 다들 힘들다고 하지만 우리가 잘하면 대박을 낼 수 있겠다'고 생각했다. 이렇게 시작한 것이 바로 수원메쎄 전시장이다.

2016년 2월, 킨텍스에서 『경향하우징페어』가 열리고 있을 때였다. 조원표 사장이 참가업체였던 KCC의 Y 임원을 만났다. 전시회 관련 이야기를 하던 중 갑자기 Y 임원이 조 사장에게 전시장을 운영하면 돈이 되느냐고 물었다. 그러자 조 사장은 전시장 사업은 공공기관의 사업모델이라고 답했다. 거기에 킨텍스가 건립 이후 얼마나 오랫동안 적자를 내면서 고생하는지 덧붙였다.

전시장 메커니즘에 관한 설명을 모두 듣자 Y가 다시 이야기를 이어갔다. 수원역 근처에 오래된 공장부지가 있다고 했다. 금강고려화학이라는 이름으로 KCC가 처음 회사를 시작할 때 사용하던 공장부지였다. KCC 입장에서는 모태처럼 애착이 가는 부지이지만, 당장은 활용도가 없어 그냥 버려두고 있는 골칫덩이였다.

그도 그럴 것이 이 부지 인근은 가까이 있는 수원 비행장 때문에 고도제한이 걸려 있는 곳이었다. 비행장이 이전하면 엄청난 개발이익을 만들어 낼 땅이지만 현재는 갑갑한 상태라는 것이다. 그래서 아파트나 오피스텔을 짓기도 어려운데 수원시는 도시 경관 등을 이유로 어떻게든 서둘러 공장부지를 개발하라고 압력을 가한다고 했다.

행간을 짚었지만 조 사장은 그렇다고 그 부지를 전시장으로 개발하는 것도 불가능하다고 답했다. 전시장을 지어 임대사업을 한다고 해도 감가상각비 벌기도 힘들다는 사실을 이유로 들었다. 그러면서 조 사장은 속으로 생각했다.

'1,000억 원 예산으로 전시장을 지은 뒤 30년 감가상각을 적용하면 연간 33억 원을 기본 비용으로 인식해야 하는데 전시장으로는 매출 30억 원도 올리기 힘들다, 게다가 토지가격을 원가에 포함할 경우 말도 안 되는 적자 사업이다, 특히 수원역 근처라 토지가격이 엄청날 것이기 때문에 더욱 어불성설이다.'

그러나 조 사장은 이때의 대화를 매우 소중한 만남으로 기억하고 있었다. 상상의 날개를 활짝 펼 수 있는 기회가 되었기 때문이다. 이날의 짧은 미팅 이후 수원역 근처 KCC 공장부지가 조 사장의 머리를 떠나지 않고 계속 맴돌았다. 조 사장은 궁리에 궁리를 거듭했다.

'KCC는 반드시 이 부지를 개발해야 한다. 그런데 오피스텔이나 상가를 지을 경우 지금 당장은 이익을 낼 수 있지만 대대적인 재개발로 '대박'내는 것은 불가능하다. 수원 비행장이 나중에 이전하더라도 전면적인 재개발은 힘들고, 상가에 입주한 소상공인들을 상대로 철거를 하는 일도 불가능하기 때문이다. 특히 대부분 소상공인들이 임

외인구단 DNA — 메쎄이상의 코로나19 극복기

차한 상가를 KCC가 재개발하면 대기업의 횡포로 간주되어 임차인들을 내보내기도 힘들다. 그렇다고 현재 고도제한에 맞춰 저층 아파트를 지어 분양할 경우 수익성이 좋지 않다. 고도제한이 있는 상황에서 무리하게 추진하는 것보다 추후 고도제한이 풀린 뒤 재개발하는 것이 수익성 측면에서 훨씬 좋은 방안이다.'

조 사장은 계속해서 KCC 입장에서 다시 한 번 생각했다.

'그렇다고 지금처럼 나대지로 두면 비업무용 토지라는 이유로 내야 할 세금이 막대하다. 게다가 수원시는 끊임없이 이 지역을 개발하라고 압력을 가한다. 수원역은 수원시의 핵심지역인데 나대지로 남겨져 있어 경관을 해친다는 논리다.'

정리하자면 KCC는 수원역 공장부지를 당장 개발할 수도 없고, 그렇다고 세금 폭탄과 수원시의 압력 때문에 그냥 놔둘 수도 없는 상황이었다. 조 사장은 여기서 실마리를 찾았다. 얼마 뒤 조 사장은 직접 Y 임원을 찾아갔다. 그 자리에서 그는 자신의 아이디어를 이야기하며 KCC에게 협업을 제안했다.

●   대한민국 최초의 민간 전시장 개막

'그 땅을 전시장으로 개발하자. 대신 토지대금은 생각하지 말고 전시장 건물만 짓자. 어쨌든 KCC는 이 토지를 직접 개발할 생각은 없을 테니 말이다. 내신 긴꼴❍ 메쎄이상이 지어도 좋고 KCC가 지어도 좋다. KCC가 짓는다면 우리가 10년 동안 그 금액을 분납하는 형식으로 하자. 대신 전시장은 매우 효율적으로 싸게 지어야 한다.'

그러면서 조 사장은 KCC는 수원시의 요구를 들어주면서 내지 않아도 될 세금 부담을 줄일 수 있음을 설명했다. KCC 입장에서는 공공사업 영역인 전시장 운영을 통해 사회공헌의 이미지를 제고하는 기회가 된다는 점도 강조했다.

이와 같은 제안 이후 두 회사는 1년 넘게 티격태격하면서도 열심히 협의를 진행했다. 이후 2018년 여름 전시장을 착공했고, 2년에 걸친 공사 끝에 2020년 7월 1일 준공했다. 우리나라 역사상 최초의 민간 전시장이 개막한 것이다.

전시장 개막은 2020년 7월 코로나19 팬데믹이 한창인 가운데 이뤄졌다. 많은 사람들이 우려하고 걱정했지만 수원메쎄는 현재 순조롭게 운영되고 있다. 개막 다음 해인 2021년에는 우리 회사가 11회, 다른 전시주최자들이 29회의 전시회를 열었다. 가동률은 40%에 불과했지만 나름대로 선방한 성적표였다.

모든 공공 전시장들이 코로나19로 인해 수십 억에서 수백억 원의 적자를 내는 상황에서 수원메쎄는 적지만 영업이익을 냈다. 코로나19 팬데믹만 아니었다면 더 멋진 프로젝트가 될 수 있었다는 아쉬움이 남는다. 그러나 팬데믹이 끝나가는 2022년 이후부터는 제대로 활주를 시작할 것이라 확신한다.

●　　　인도에 전시를 수출하다!

우리들의 기이한 상상과 그것을 현실로 만들고자 하는 노력은 나라 밖으로 확대되었다. 그리고 민간은 할 수 없다고 생각하던 전시장 사업을 국내가 아닌 해외에서 시작하는 쾌거를 이뤄냈다. 우리나라에서도 단 한 번 전시장 운영을 해보지 못하고 있던 우리 회사가 인도 최대의 전시장을 운영하게 된 것이다.

2023년부터 메쎄이상은 인도 뉴델리 인근에 위치한 IICC(International India Convention And Expo Centre) 전시장을 대한민국 최대 전시장 운영자인 킨텍스와 함께 공동운영한다. IICC가 들어서는 드와르카(Dwartka)시(市)는 수도 뉴델리의 위성도시이자 신흥경제 중심지로 인도 정부가 주목하고 있는 지역이다. 이곳에는 나렌드라 모디 인도 총리의 핵심공약사업인 '100 스마트시티 사업'의 일환으로 IICC와 비즈니스 복합단지가 조성되고 있다. 이 IICC 전시장은 모디 총리의 역작이다.

모디 총리는 경제성장을 최고의 목표로 삼는 실용주의 지도자로 유명하다. 그는 중국을 능가하는 경제성장을 통해 인도를 전 세계의 공장으로 만들겠다는 목표를 갖고 있다. 중국의 역할을 인도가 대체하겠다는 주장이다. 모디 총리는 인도가 세계의 공장이 되고, 경제성장률이 10% 이상 되면 국제전시장의 수요가 급증할 것이라고 주장한다. 국제전시장을 지어야 전 세계 바이어들을 업종별로 초청해 인도 제품과 신노 공정을 알릴 수 있다고 생각하고 있다. 중국이 2000년부

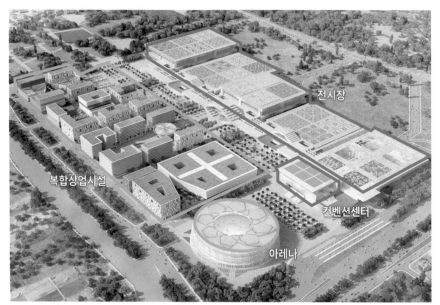

서남아시아에서 가장 큰 해외 전시장으로 조성될 IICC 조감도

터 세계의 공장 역할을 담당하기 시작하면서 베이징, 상하이, 광저우 등에 대규모 전시장을 지은 것과 동일한 맥락이다.

인도 정부가 무려 2조 5,000억 원의 예산을 들여 개발하는 IICC 는 100만㎡ 규모의 복합단지다. 그중에서 전시장과 컨벤션센터는 27 만㎡, 나머지는 오피스 건물과 호텔로 채워진다. IICC의 위치는 뉴델리 국제공항에서 불과 10km 거리로 국제공항에서 출발하는 지하철이 전시장으로 바로 연결된다. 여러모로 국제전시장으로서 흠잡을 데 없는 면모를 갖추고 있다고 할 수 있다.

인도의 인구는 약 15억 명으로 우리나라보다 30배 많다. 하지만 연간 예산은 원화 500조 정도로 우리와 비슷한 수준이다. 이런 상황에서 2조 5,000억 원의 국가예산을 투자한 IICC 사업은 인도 정부로선 어마어마한 빅 프로젝트이다. 그렇다면 메쎄이상은 이런 거대한 프로젝트에 어떻게 발을 담글 수 있었을까? 메쎄이상의 또 다른 기이한 도전, 인도 전시장 운영권 이야기는 지금으로부터 5년 전으로 거슬러 올라간다.

2017년 어느 휴일, 킨텍스 L 대표가 조원표 사장에게 전화를 걸어왔다. 보통 주말에는 비즈니스 전화를 거의 하지 않는 것이 상식이지만 임 대표는 달랐다. 업무에 대한 애착이 워낙 강해 그에겐 주말과 주중이 따로 없었다. 조 사장이 전화를 받자 그는 곧장 본론으로 들어갔다.

"지금 인도가 크게 달라지고 있는 거 아시죠? 엄청난 투자를 하고 있어요. 내가 생각하기엔 제2의 중국이 되고 있습니다. 거기에 모디 총리가 등장해 완전히 실용주의 노선을 걷고 있어요. 이는 인도의 전시산업이 엄청 커질 것이라는 것을 의미합니다. 경제성장이 빠르게 이뤄지던 지난 20년간 중국 전시산업의 성장이 엄청났던 것 잘 아시잖아요?"

L 사장은 킨텍스가 진출하려는 인도 전시장 사업에 메쎄이상도 함께하자고 제안했다. 그러면서 두 회사 외에 인도 메리어트호텔까지 세 회사의 협업을 이야기했다. 지난해 킨텍스에서 열린 국제로타리서울대회에서 알게 된 국제로타리클럽 회장이자 인도 메리어트호텔 오너인 분을 통해 일게 된 사업이라고 했다. 그 사업에 세 회사가 공동출

자해 독립법인을 설립하자고 했다. 킨텍스와 메쎄이상이 전시장 운영
과 전시주최, 인도 메리어트호텔이 식음료 등을 담당하는 구조였다.
이를 위해 설립할 회사의 지분구성은 킨텍스 51%, 메쎄이상 25% 인
도 메리어트호텔 24%로 추진하자는 구체적인 내용까지 부연했다.

조 사장은 이렇게 엄청난 제안을 전화로, 그것도 일요일에 직설화
법으로 이야기하는 L 사장의 모습이 너무도 놀라웠다. 놀라움을 다스
리며 잠깐이지만 깊은 생각을 마친 뒤 대답했다.

"사장님께서 저한테 새로운 일을 제안하시면 제가 무조건 하겠다고 하는 것이
기본인데 이번 건은 조금 시간이 필요하네요. 전화를 잠시 끊고 생각을 정리
한 뒤 30분 후에 답을 드려도 되겠습니까?"

이렇게 말하고 전화를 끊은 조 사장. 이제 결단의 시간이 남아 있
었다. 혼자 생각했다. 인도가 가파른 경제성장률을 기록하며 제2의 중
국으로 성장하고 있는 것은 분명한 사실이었다. 그리고 인도 경제가
중국처럼 성장한다면 전시산업의 성장 역시 기정사실이었다. 인도는
비효율의 대명사 같은 나라이지만, 그런 인도가 최근 많이 변하고 있
다는 소식도 계속 접했다.

자본금이 500만 달러 정도 필요하다면 우리가 부담해야 할 금액
은 많아야 250만 달러. 우리 돈으로 25억 원 정도일 것이라 예측했다.
그리고는 한번 추진해 보겠다고 결심했다. 잘못될 확률이 있지만, 금
액이 투자가능 한도 이내로 보였기 때문이다. 이전에 자그마한 베이

비페어 하나를 인수하는 데도 50억 원 정도를 썼는데 인도 전시장 운영권을 얻는데 25억 원을 투자하는 것은 충분히 감당할 수 있는 투자라고 봤다.

게다가 지금 바로 투자를 해야 하는 것도 아니었다. 입찰 과정이 남아 있기 때문에 추후 자세한 평가를 할 수 있는 시간이 충분하다고 생각했다. 그 과정에서 언제든지 취소할 수 있기 때문에 일단 해 보자는 생각을 굳혔다. 뒤이어 모회사인 황금에스티 김종현 회장, 김기배 부사장, 이상택 부사장과 통화를 마친 조 사장은 킨텍스 L 사장에게 전화를 걸어 수용의사를 밝혔다.

이렇게 인도 IICC 사업이 시작되었다. 그 이후 킨텍스 사업추진단과 우리 회사 관계자들은 인도 현지를 방문해 현지 리서치를 시작했다. 인도 전시주최자들은 물론 인도의 다른 지역 전시운영자들을 만나 의견을 나누기도 했다. 당시 인도에는 글로벌 전시주최자인 리드 액스비젼스와 인포마의 인도지사가 있었고, 두 회사의 인도 법인장을 따로 만나 IICC에 대한 의견을 물어보기도 했다. 대부분은 긍정적이었다. 그들은 현재 뉴델리에 존재하는 전시장의 규모가 작다는 점, 첨단시설이 아니어서 문제가 많다는 점, 기존 전시장을 운영하는 인도 정부가 '갑질'을 많이 하고 있기 때문에 새로운 전시장을 민간기업이 운영하면 기대가 높을 수 있다는 점 등을 추천의 이유로 들었다.

2년 여의 준비 끝에 2019년 초, IICC 입찰서류를 제출했고 그해 4월 말 우리들이 IICC 운영자로 선정되었다는 기쁜 소식을 전해 듣게 된다. 이는 내딛힌 뉴스였다. 굴뚝 없는 산업인 전시산업을 인도에 수출하게 되었다는 소식이 널리 퍼졌다. 우리나라의 짧은 MICE 산업 역사에서 우리의 MICE 산업을 수출하는 최초의 사건이 일어난 것이다.

우리나라 전시주최자가 수원에 자체 전시장을 구축하고, 서남아시아에서 가장 큰 인도 전시장의 운영자까지 되었다. 업계는 상식을 넘어서는 우리들의 확대전략이 성공했다는 소식에 크게 놀라고 있었다.

●   전시를 꼭 전시장에서만 해야 할까?

우리들의 기이한 상상은 여기서 멈추지 않는다. 우리들은 전시주최자가 전시장 운영자가 되는 일조차 넘어서야 한다고 생각하고 있다.

산업전시회를 반드시 전시장에서만 해야 할까? 인테리어박람회를 왜 코엑스나 킨텍스에서만 해야 하나? 인테리어 기업이 모여 있는 서울 논현동에서 열면 안 될까? 기계박람회와 코팅박람회를 코엑스나 킨텍스가 아니라 바이어가 가장 많이 모여 있는 시화공단이나 남동공단에서 열면 안 될까? 시화공단의 빈 공장을 한 달가량 빌려 전시회를 열면 안 될까? 전시장이 아닌 길거리나 공장에서 전시회를 열 수 있는 방법은 없는 걸까?

이와 같은 도발적인 질문을 통해 메쎄이상은 상상을 현실화하고자 한다. 특히 공단 내 비어 있는 공장 시설을 활용해 전시회를 개최하는 방법과 도심 속 빈 건물에서 콘퍼런스와 전시회를 함께 여는 게릴라 박람회를 열심히 고심하고 있다.

우리들은 모두가 공공의 영역이라고만 여기던 전시장 운영자가 된 최초의 민간 회사이다. 하지만 메쎄이상은 수원메쎄 전시장을 보유하는 것으로 우리들의 기이한 상상을 멈추진 않을 것이다. 우리는 벌써부터 수원메쎄 이외에 제2의 민간 전시장을 준비하고 있다. 이를 발판으로 단순히 산업전시회만 개최하는 종래 전시장의 한계를 뛰어넘는 새로운 전시장을 꿈꾼다.

이를테면 라이프스타일과 결합한 전시장을 구상 중이다. 건축박람회가 열리는 전시장에서 관람하는 것이 아니라 실제로 숙박해 보는 박람회는 어떨까? 새로운 건축자재로 만든 모델하우스에서 직접 잠을 자 보는 박람회 말이다. 마찬가지로 캠핑 박람회가 열리는 장소에서 직접 캠핑을 할 수도 있다.

우리들의 기이한 상상은 점점 더 깊어지고 넓어진다. 인테리어 리빙 모델하우스나 쇼룸에서 카페박람회를 열어 핸드메이드 작품 전시회를 하면 어떨까? 온라인과 오프라인을 결합한 전시회는 어떤 모습일까? 전시장에서 열리는 전시회를 구경하면서 모바일로 결합된 상담을 하면 어떨까?

나아가 우리들은 융합의 시대인 21세기, 하나의 카테고리만으로 전시를 하는 시대를 넘어서려고 하고 있다. 여러 산업을 결합하는 새로운 전시회 역시 기이한 상상을 거듭하는 우리들의 과제 중 하나이다.

●

EPILOGUE

●

우리들의 외인구단,
모두의 DNA

책 집필을 도운 직원들이 한자리에 모였다. 경영진 세 명이 책을 쓰는 과정을 도운 인재들이다. 회사 이야기를 책에 담으면서 이들은 어떤 느낌이 들었을까 궁금했다. 왜냐하면 모든 사물과 현상이 그렇듯 회사도 어디서 어떤 각도로 보느냐에 따라 다른 모습으로 다가오기 때문이다. 30~40대 젊은 직원들은 자신이 몸담고 있는 메쎄이상이란 회사를 어떻게 보고 있을까?

P는 메쎄이상은 모두가 주인처럼 일하는 회사라고 이야기했다. 이유가 궁금했다. 모든 회사가 구성원들이 주인이란 자세로 일하길 바라지만 대부분의 회사는 그렇지 않다. 모두가 주인처럼 일한다는 그의 의견이 과장이 아니라면 그들을 주인처럼 일하게 만드는 요인은 무엇일까 궁금했다. K가 답했다.

"우리들이 주인의식을 갖고 일하는 이유는 결국 내 일이라는 생각 때문인 것 같아요. 내 일이니까 잘하고 싶은 마음이 생기는 거죠. 저는 직장생활을 하기 시작할 때부터 전시 분야가 좋았습니다. 지금 거의 20년이 되었네요. 그런데 우리 회사의 방식은 다른 전시주최사와는 확실히 다릅니다."

그는 끊임없는 M&A, 동일 전시회의 지속 개최, 신규 전시회 추진 등 경계가 없는 회사의 새로운 도전이 자신의 주인의식에 계속 불을 지른다

······ 모두가 안 될 때, 안 된다고 말할 때 기어코 해내는 사람들입니다.

가장 늦게 시작했지만 가장 탄탄하고 빠르게 치고 나가는

사람들이기도 하고요.

고 밝혔다. 해도 해도 끝이 없어 힘들기도 하지만 그래도 결국 주인으로
일하는 자신을 보며 대견함을 느낀다는 것이다.

O는 마약과 같은 전시회의 매력도 메쎄이상 사람들이 모두 주인으로
일하는 이유 중 하나라고 말한다.

"누구든 전시회에 한 번 빠지면 헤어 나오지 못합니다. 짜릿한 성취감 때문이죠.
전시전문가는 철저한 화이트칼라이자 뼛속까지 블루칼라가 되어야 합니다. 전시
회를 기획하고 준비할 때는 예리한 전략가로 일해야 합니다. 반면 전시회 현장에
서는 지위고하를 떠나 막노동을 해야 합니다. 이렇게 상반되는 두 가지 모습을 교
차하면서 전시회를 성공적으로 끝마쳤을 때의 보람이 우리들의 가슴을 박동하게
만드는 것이라 생각합니다."

직원들 이야기 속에서 여느 회사에서는 맡기 힘든 독특한 향이 스멀
스멀 올라왔다. 좀 더 강하게,

"메쎄이상 사람들! 우리들은 누구이고 어떻게 일하나요?"
"우리들은 모두가 안 될 때, 안 된다고 말할 때 기어코 해내는 사람들입니다. 가장
늦게 시작했지만 가장 탄탄하고 빠르게 치고 나가는 사람들이기도 하고요."

…… 솔직히 실무자 입장에서는 힘들어서 죽을 맛이지만

그래도 추진력을 발휘해 어떻게든 해 보자는 직원들이 대부분입니다.

W는 당찬 목소리로 이렇게 말하면서 자신의 신입시절을 떠올렸다. 앳된 신입사원인 자신이 전시장에서 어떤 의견을 냈는데, 그 의견이 얼마 지나지 않아 실현되는 모습이 마냥 신기했다는 이야기였다.

"직급이나 연차에 상관없이 직원들의 의견을 수용하는 임원과 팀장들이 우리들을 주인처럼 주체적으로 일하게 만들고, 나아가 누가 시켜서가 아니라 스스로 최적의 판단을 해내는 습관을 만들어 준다고 생각합니다."

상급자들은 하급자들의 아이디어가 없다고 푸념하고, 하급자들은 얘기해봤자 소용없으니까 의견을 말하지 않는다는 악순환이 이 회사에는 정말 없을까? 이에 대해 O와 K가 함께 대답했다.

"전혀 없다고 말할 순 없겠죠. 하지만 어느 누구도 적당히 하는 사람은 없습니다. 기획력을 발휘해 아이디어를 짜내고 책임감을 갖고 그 아이디어를 실행하는 분위기가 회사 곳곳에 가득합니다. 제시한 아이디어를 채택하는 것은 곧 누군가 그 아이디어를 실행해야 한다는 건데… 솔직히 실무자 입장에서는 힘들어서 죽을 맛이지만 그래도 추진력을 발휘해 어떻게든 해 보자는 직원들이 대부분입니다. 그리고 그 원동력은 결국 간절함이라고 생각해요."

...... 트리플 A, 즉 적응력(Adaptability), 추진력(Action-oriented),

끊임없는 도전정신(Always hungry)이라는 외인구단 DNA

K는 이 간절함이 직원들은 물론 경영진에게도 충만하다고 말한다.

"우리 회사 경영진들의 추진력은 정말 강합니다. 추진력 대마왕이라고 할 수 있죠. 그런데 그걸 따라가는 직원들의 추진력도 대단합니다. 보통 앞에서 너무 속도를 내면 뒤가 쳐지고, 뒤에선 빨리 가고 싶은데 앞이 느려서 속이 터지는 회사가 많은데, 우리들은 경영진이나 실무진이나 강한 추진력으로 빠르게 움직입니다. 빠른 속도가 메쎄이상이라는 조직이 갖고 있는 가장 중요한 경쟁력이라고 생각합니다."

이 이야기를 통해 변화무쌍한 트렌드를 신속히 파악해 그에 맞게 전시회를 개편하거나 새로운 전시회를 만들어가는 메쎄이상의 빠른 스피드가 바로 트리플 A, 즉 적응력(Adaptability), 추진력(Action-oriented), 끊임없는 도전정신(Always hungry)이라는 외인구단 DNA에서 비롯되는 것임을 확인할 수 있었다.

사람들이 모여야 돈을 벌 수 있는 오프라인 업종임에도 불구하고 모이면 큰일 나는 코로나19 시국에서도 흑자를 이어가는 이 회사는 어디로 가고 있을까? 메쎄이상이라는 버스에 탑승한 이들은 자신들의 목적지를 어디로 설정하고 있을까? W는 지금은 디딤돌을 만드는 시간이라고 말했다.

"우리 회사는 전시사업을 시작할 때부터 달랐습니다. 종래에는 전시회를 임대업으로 이해했죠. 하지만 우리 회사는 전시사업의 본질을 연결과 공유에서 찾았습니다. 사람을 연결하고 정보를 공유해서 비즈니스의 기회를 만들어주는 것이 전시산업이라는 접근이죠. B2B 보증사업을 하던 우리가 전시산업에 뛰어든 것도 같은 맥락이었습니다. 우리는 전시회사지만 IT에 집중했고 최근엔 동영상 플랫폼을 만들었습니다. 기존 업체와는 확연히 다른 전략이죠. 이는 새로운 패러다임을 위한 디딤돌을 만드는 작업입니다. 새로운 도약을 위해 디딤돌을 쌓아 전시산업의 새로운 지평을 여는 일에 함께하고 싶습니다."

P는 얼마 지나지 않아 메쎄이상을 전시회사라고 설명할 일이 없어질 것이라고 야심 찬 전망을 내놨다.

"이미 우리 회사는 자타가 공인하는 국내 전시업계 1위입니다. 새로 시작한 온라인 플랫폼 사업들을 더욱 확장해 전시회사가 아니라 플랫폼 회사로 발전할 것입니다. 메쎄이상과 그 안의 내가 어떻게 변화하고 발전할 것인지 가슴 떨리도록 기대됩니다."

O는 시간이 지날수록 모든 분야에서 온라인 채널이 더욱 발전하는 것은 당연하지만, 그렇기 때문에 역설적으로 오프라인 전시사업이 확대

……기회를 주고 연결시켜 다른 사람의 성공을 도와주는 것이
전시입니다.

될 것이라고 예측한다.

"모든 업종에서 오프라인의 입지는 상대적으로 작아지고 어려워질 것입니다. 그런데 이런 위기를 극복할 수 있는 방법이 바로 오프라인 전시회입니다. 요즘 사람들은 수많은 물건을 온라인으로 구매합니다. 하지만 가격이 비싸거나 고관여 제품은 온라인으로 구매하더라도 그 전에 오프라인으로 확인을 합니다. 예를 들어 대형 매장에 가서 신제품 냉장고를 눈으로 직접 확인한 뒤, 집에 돌아와 확인한 모델을 온라인으로 구매하는 거죠. 이 과정에서 오프라인 매장은 전시장의 기능만을 담당했을 뿐입니다. 업체 입장에서는 전시장 기능만 하는 매장을 상설로 운영할 필요가 없습니다. 오프라인 전시회를 통해 제품을 확인하도록 돕고, 온라인을 통해 제품을 구매할 수 있도록 도우면 되니까요."

K가 생각하는 회사의 방향성도 다른 사람들과 크게 다르지 않았다. 그러면서 그는 메쎄이상이 갖고 있는 외인구단 DNA가 앞으로도 계속 회사와 구성원의 발전을 이끌 것이라고 확신했다.

"지금까지는 장인정신으로 전시회를 해 왔습니다. 이 장인정신은 외인구단 DNA의 또 다른 표현일 뿐이죠. 전시회는 결국 참가기업을 잘되게 하는 일입니다. 기회를 주고 연결시켜 다른 사람의 성공을 도와주는 것이 전시입니다. 이제 우리들은

전시회를 넘어서 온라인과 오프라인, 국내와 해외 모두를 아울러 다른 사람들의 성공을 도울 것입니다. 외인구단 DNA를 계속 발휘해서 애증의 대상인 전시산업을 더욱 발전시키고 싶습니다."

이들에게 메쎄이상은 어떤 존재일까? 빈칸 채우기만큼 상대방의 진의를 정확히 파악할 수 있는 방법도 없다고 믿으며 네 명의 참가자들에게 똑같이 '나에게 메쎄이상은 ☐이다.'라는 질문을 던졌다.

"메쎄이상은 잔디운동장입니다. 무엇이든 해 볼 수 있는 기회가 주어지는 곳, 넘어져도 크게 다치지 않게 해주는 곳이니까요."(P)

"메쎄이상은 프랑스 디저트인 크렘브륄레(crème brûlée)입니다. 커스터드 크림 위에 설탕을 얹고 표면을 불에 살짝 그슬려 만드는 이 음식처럼, 처음에 접했을 땐 너무 딱딱했어요. 그래서 대체 왜 나한테 이렇게까지 하지? 왜 이렇게 몰아붙이지? 하는 생각이 들었습니다. 그러나 시간이 지나고 보니 그것은 모두 달콤한 결과를 위해 달려가는 과정이었음을 깨달았습니다. 앞으로도 모두에게 달콤한 부드러움을 선사하기 위해 노력할 것입니다."(W)

"메쎄이상은 삶의 터전입니다. 최선을 다해 온 곳이자 나를 정말 많이 성장시켜 준

곳이기도 하죠. 나에게 수많은 기회를 준 이 회사에 보답하기 위해 앞으로도 최선을 다하겠습니다."(K)

"메쎄이상은 저에게 이상입니다. 이상(異常)하게 입사해서, 항상 무언가의 이상(以上)을 만들어내고 있습니다. 앞으로도 메쎄이상에서 저의 이상(理想)을 실현해 나아갈 것입니다."(O)

어디서 보느냐에 따라 사물과 현상은 달라 보인다. 회사도 마찬가지이다. 그러나 메쎄이상은 밖에서 보는 모습과 안에서 보는 모습이 크게 다르지 않았다. 또한 경영진이 보는 회사와 직원들이 보는 회사도 별반 다를 바 없었다. 이 차이가 적다는 사실은 그만큼 메쎄이상의 저력이 크다는 방증일 것이다.

외인구단 DNA는 경영진만의 것이 아니었다. 메쎄이상 구성원 모두의 것이었다. 그들만의 외인구단이 아니라 우리들의 외인구단인 메쎄이상, 구성원 모두의 외인구단 DNA를 통해 전시산업을 너머 사람을 연결하고 정보를 공유하여 많은 사람들의 성공을 돕겠다는 사명을 멋지게 감당하리라 믿는다. 우리들의 외인구단, 메쎄이상의 건승을 기원한다.

참석 | **김보라** 팀장 **박기홍** 팀장 **오한목** 책임 **위현아** 매니저

메쎄이상의 건축박람회는 2019년에는 킨텍스 7만㎡를 사용했고,

참가 부스는 3,100부스를 넘겼다. 이로써 10만 명 이상의 관람객이 성황을 이루는

글로벌 전시회로 발전한 것이다.

책 집필을 위해 자료조사 등 도움을 준 (왼쪽부터)박기홍 팀장, 위현아 매니저, 김보라 팀장

국내 최초로 민간 전시장 시대를 연 '수원메쎄' 전시장

······ 빅친 포부로 우리든은 2020년 7월,

국내 최초로 민간 전시장 시대를 열었다. '수원메쎄'가 그 주인공이다. 코로나19가 한창일 때여서

모두 허우적댔지만 우리는 당당하게 전시장을 열고 팡파르를 울렸다.

외인구단
DNA

메쎄이상의 코로나19 극복기